JN199961

SDGsと学校教育

教 職 概 論

―「包容的で質の高い教育」のために―

岩本　泰・小玉敏也・降旗信一　編著

学文社

執筆者

降旗　信一	（東京農工大学）	序　章
小玉　敏也	（麻布大学）	第 1 章
池谷　壽夫	（了徳寺大学）	第 2 章
鈴木　隆弘	（高千穂大学）	第 3 章
細矢　智寛	（女子美術大学）	第 4 章
福井　朗子	（いわき短期大学）	第 5 章
井上　大樹	（札幌学院大学）	第 6 章
長谷川万希子	（高千穂大学）	第 6 章コラム
岩本　　泰	（東海大学）	第 7 章
宋　　美蘭	（北海道大学）	第 7 章コラム

まえがき

第3期教育振興基本計画および2017・2018年告示の学習指導要領には，「資質・能力の育成」「主体的・対話的で深い学び」「社会に開かれた教育課程」などの重要な教育政策が打ち出されて社会的な注目を集めている。この学習指導要領は，グローバリゼーションに適応できる人材育成（小学校での「外国語」新設。プログラミング教育の推進），国への帰属意識を高める国家主義的な方策（道徳・公共の教科新設），国際標準の学力の育成（PISA への対応。全国学力・学習状況調査）を基軸とするが，国連で決議した SDGs（ESD）にかかわる内容も大幅に導入されたことは画期的なことである。具体的には，前文に「持続可能な社会の担い手を創る」と明記されたことや，各教科等に「持続可能な社会」「持続可能な開発」にかかわる新たな内容が盛り込まれたことである。

なぜ，画期的といえるのか。それは，SDGs の理念に由来する。「持続可能な開発のための2030アジェンダ」前文では，「人間」（あらゆる貧困と飢餓に終止符を打ち人間が持つ潜在能力を発揮させる），「地球」（地球を破壊から守るために持続可能な消費・生産と天然資源の管理，気候変動に関する緊急の行動を取る），「繁栄」（経済的・社会的・技術的な進歩が自然との調和のうちに生じる），「平和」（平和的，公正かつ包摂的な社会を育んで行く），「パートナーシップ」（地球規模の連帯を強化する）の5つの観点から，現代世界の諸課題を「誰一人として取り残さない」決意で乗り越えることを宣言している。この宣言の背景には，気候変動の拡大や貧富の格差，紛争の激化等の地球的課題が存在し，それらが深刻であるがゆえに高い理想を追求しなければならない現状にある。筆者たちは，これら「平和」「人権」「環境」「公正」「協調」などの理念から，日本の学校教育を批判的にとらえ直すこと，変革の契機を発見すること，そして未来社会を構想することを，読者のみなさんとともに考えていきたい。

以上のような認識をふまえ，本書では SDGs 目標4.7に着目し，それを学校

教育のなかでどのように理解し，実現していくか検討を重ねてきた。これから教職を志すみなさんに，その成果を共有して，教育活動を進めていくうえでの羅針盤としていただければ望外の喜びである。

SDGs 目標4.7

　2030年までに，持続可能な開発のための教育及び持続可能なライフスタイル，人権，男女の平等，平和及び非暴力的文化の推進，グローバル・シチズンシップ，文化多様性と文化の持続可能な開発への貢献の理解の教育を通して，全ての学習者が，持続可能な開発を促進するために必要な知識及び技能を習得できるようにする

2019年 8 月

編　者

目　　次

序　章
SDGs とは何か

　私たちは今，21世紀という時代を地球という場で生きている。この時間と空間のなかで，私たちの身体と心は日々，変化している。この変化は何によってもたらされるのだろうか。私たちは今日，この変化を可能なかぎり自分たちの望む方向に向かわせるように努力することができる。この「みずからをみずからの意思で変化させる」という行為を「学習」と呼びたい。そして，その「学習」を，促し，助け，励まし，その人（子どもであっても大人であっても）が望む方向へとより適切に導く行為を「教育」と呼びたい。

　では，その「自分たちの望む方向」とはどういう方向だろうか。それは一言でいえば「末永く幸せに生きる」ということである。いつどのような場においても「自分も末永く幸せに生きたいし，すべての人（今この時代を生きる世界中の人々，未来に生きる人々である子孫，そして人以外の生物も含め）にも末永く幸せに生きてほしい」という思いや願いを誰もがもっているのではないだろうか。

　SDGs（国連持続可能な開発目標）に示された目標は，世界の多くの国が加盟する国連（国際連合）において賛同を得たものであり，国連への加盟の有無にかかわりなく，21世紀という今日の時代を地球上で暮らす私たちが末永く幸せに生きる道を示したものである。SDGs にはすべてのことが書かれているわけではないし，たとえば今日，しばしば論争となる原発問題に一切ふれていないなど，その限界や問題点もあるのだが，世界中の人々の進むべき道を示した文

|著者紹介|

降旗　信一（東京農工大学農学部教授）
1962年生まれ。東京農工大学大学院博士後期課程修了。博士（学術・東京農工大学）社団法人日本ネイチャーゲーム協会理事長，米国カリフォルニア州立大学ソノマ校 Visiting Scholar，鹿児島大学産学官連携推進機構特任准教授，東京農工大学農学部准教授を経て現職。杉並区立大宮小学校学校運営協議会会長。主な著者は，『ESD（持続可能な開発のための教育）と自然体験学習』（風間書房，2016年），『持続可能な地域と学校のための学習社会文化論』（編著，学文社，2017年）。

書としては手続き，内容の両面から最新であり最も妥当性をもつ文書の１つと
いってよいであろう。

　本書（「SDGs と学校教育」シリーズ）はこの SDGs の原則に依拠しながら，
「SDGs 時代の教育とは何か」をより具体的に示そうとするものである。この
「問い」に対して本書（本シリーズ）の各章の著者は，それぞれの個別テーマに
ついて，これまでの教育学（教育にかかわる理論的実践的研究の蓄積）の到達点
を確認したうえで各自の持論を展開している。本書の各章で展開されているの
は「問い」に対する各著者の現時点での答えであると同時にさらなる深い議論
に向けた新たな問いでもある。

　ところで「教育」という営みには，国家がその資金を支出し，行政がその制
度を運営する「公教育」と，個人や民間団体・企業がその資金負担を行う「私
教育」があるが，本書（本シリーズ）では，主に「**公教育**」を扱う（私立学校で
あっても，現行の憲法・教育基本法体制下にあるので本書では「公教育」と位置づ
けている）。「公教育」には，学校教育と学校外教育（社会教育・生涯学習）があ
る。両者はそれぞれ別個のものとしてこれまで議論されてきたが，今日，この
両者を一元的に運営しようという議論がおきている。

　以上のことをふまえ，本書は，SDGs の時代の教職（幼稚園から高等学校まで
の学校教育段階における教育職員＝教師）の意義やその役割のあり方を示すもの
である。この序章では，「SDGs とは何か」を述べたうえで，その中核的な概
念である「**持続可能な開発**」を解説し，「**学校教育における ESD の意義**」を整
理する。そのうえで，本書の構成について概観する。

第１節　SDGs とは何か―永遠平和のために

　SDGs とは，国連持続可能な開発目標（Sustainable Development Goals）であ
る。2001年に策定されたミレニアム開発目標（MDGs）の後継として，2015年
９月の国連サミットで採択された「持続可能な開発のための2030アジェンダ」
にて記載された2016〜2030年までの国際目標であり，持続可能な世界を実現す
るための17のゴール・169のターゲットから構成され，地球上の誰一人として

図 0 - 1　SDGs ロゴ

取り残さない（leave no one behind）ことをその序文に掲げている。

　17の目標（ゴール）のなかの4番目は，「すべての人々への，包摂的かつ公正な質の高い教育を提供し，生涯学習の機会を促進する」と教育について書かれている（図0-1）。

　また，この目標4「教育」については，下記のターゲット（個別の具体策）が示されている。

目標4．すべての人々への，包摂的かつ公正な質の高い教育を提供し，生涯学習の機会を促進する

4.1　2030年までに，すべての子どもが男女の区別なく，適切かつ効果的な学習成果をもたらす，無償かつ公正で質の高い初等教育及び中等教育を修了できるようにする。

4.2　2030年までに，すべての子どもが男女の区別なく，質の高い乳幼児の発達支援，ケア及び就学前教育にアクセスすることにより，初等教育を受ける準備が整うようにする。

4.3　2030年までに，すべての人々が男女の区別なく，手頃な価格で質の高い技術教育，職業教育及び大学を含む高等教育への平等なアクセスを得られるようにする。

4.4　2030年までに，技術的・職業的スキルなど，雇用，働きがいのある人間らしい仕事及び起業に必要な技能を備えた若者と成人の割合を大幅に増加させ

る。

4.5　2030年までに，教育におけるジェンダー格差を無くし，障害者，先住民及び脆弱な立場にある子どもなど，脆弱層があらゆるレベルの教育や職業訓練に平等にアクセスできるようにする。

4.6　2030年までに，すべての若者及び大多数（男女ともに）の成人が，読み書き能力及び基本的計算能力を身に付けられるようにする。

4.7　2030年までに，持続可能な開発のための教育及び持続可能なライフスタイル，人権，男女の平等，平和及び非暴力的文化の推進，グローバル・シチズンシップ，文化多様性と文化の持続可能な開発への貢献の理解の教育を通して，すべての学習者が，持続可能な開発を促進するために必要な知識及び技能を習得できるようにする。

4.a　子ども，障害及びジェンダーに配慮した教育施設を構築・改良し，すべての人々に安全で非暴力的，包摂的，効果的な学習環境を提供できるようにする。

4.b　2020年までに，開発途上国，特に後発開発途上国及び小島嶼開発途上国，ならびにアフリカ諸国を対象とした，職業訓練，情報通信技術（ICT），技術・工学・科学プログラムなど，先進国及びその他の開発途上国における高等教育の奨学金の件数を全世界で大幅に増加させる。

4.c　2030年までに，開発途上国，特に後発開発途上国及び小島嶼開発途上国における教員養成のための国際協力などを通じて，資格を持つ教員の数を大幅に増加させる。

　　　　　　　　　出所：外務省ウェブサイトに示されている仮訳を転載

　SDGs を採択した国連（国際連合）には，193カ国が加盟している（2017年5月現在）。日本は国際連合の80カ国目の加盟国として1956（昭和31）年12月に加盟している。国連の目的は，次の3つである（国連憲章1条）。

・国際平和・安全の維持
・諸国間の友好関係の発展
・経済的・社会的・文化的・人道的な国際問題の解決のため，および人権・基本的自由の助長のための国際協力

　これらの目的を達成するため，国連には多くの機関がおかれている。このうち教育，科学，文化の協力と交流を通じて，国際平和と人類の福祉の促進を目的とした国連の専門機関が，ユネスコ（国際連合教育科学文化機関，United Nations Educational, Scientific and Cultural Organization：UNESCO）である。

　現在の国連（国際連合）は，1945年に創設された。それ以前の1920年には国際連盟が創設されていたのだが，第二次世界大戦の勃発とともに活動停止となった。つまり，現在の国連は国際連盟の苦い経験を乗り越えるための「新たな」取り組みであり，そのめざすところは世界の恒久的な平和である。このような国家の連合体を最初に提唱した哲学者として，カント（Immanuel Kant）が知られている。その著書『永遠平和のために』には，常備軍の廃止，世界共和国の建設，世界共和国に至るまでの国際連合の構築の3点が具体的な方策として示されている。日本国憲法9条の「戦争の放棄」もこのカントの理念を源泉にしているといってよい。この「永遠平和」を実現することが容易でないことは，今日の世界情勢をみれば理解できるだろう。この意味で，先の3つの国連の目的のうち「国際平和・安全の維持」が主目的であり，残りの2つはそれを実現するために必要なことといえる。SDGsもその究極の目標は「永遠平和のために」である。

第2節　持続可能な開発の重要性

（1）「持続可能な開発」とは

　国連は永遠平和のために多くの活動を行っている。その目的の1つである世界の人々の経済的・社会的福祉の実現のため，国連は1945年の創設以降，各国の経済と社会の開発に取り組んできた。経済開発では，途上国支援を軸とした貧困の撲滅に，また社会開発では各国の健康，教育，家族計画，住宅，衛生などの問題に取り組んできた。1972年にストックホルムで開かれた国連人間環境会議の終了後，新たな国連機関として国連環境計画（UNEP＝ユネップ）が創設されるなど1970年代に入り，**環境問題**が各国の課題として急速に認識されるようになった。環境問題をめぐる議論の場では先進国と開発途上国の間に「環境重視」か「開発重視」かという対立が生じたが，UNEPは1980年に国際自然保護連合（IUCN），世界自然保護基金（WWF）という2つのNGO（非政府機関）と共同で刊行した報告書「世界保全戦略」のなかで，それまでの「環境」と「開発」の対立・矛盾を解消する新たな「持続可能な開発」という概念

を初めて提唱した。その議論をまとめた報告書『かけがえのない地球を大切に（IUCN, UNEP, WWF 1991）』では「持続可能な開発（暮らし）」を「人間の生活の質に本当の改善を与えるような開発であり，同時に地球の活力や多様性を保全する。目標は，これらの要求を持続可能な方法で満たすことのできる開発であり，自然の限界を尊重し，その範囲内における生活様式と開発のあり方を採用すること」と定義され，この定義は以下に示す「**生態学的持続可能性と社会的公正の相互作用の原則**」に基づいているとされる。

生態学的持続可能性と社会的公正の相互作用の原則

〇人と自然：生態学的持続可能性

相互依存：人間は自然の一部であり自然に依存している。

生物多様性：すべての生命体は，人間の価値とは独立して尊重され，保存される正当な理由を持つ。

環境負荷の軽減：我々は自然に対する影響に対して責任を負わねばならない。

種間の公正：我々はすべての生物を寛大に扱い，彼らを残忍な行為から守り苦痛から防ぐ必要がある。

〇人と人：社会的公正

人間としての基本ニーズの充足：すべての個人と社会のニーズは，生物圏によって制約された範囲において満たされなければならない。

世代間公正：各世代は，自分たちの世代が引き継いだものと同等の多様性と生産性のある世界を未来に残さなければならない。

基本的人権：すべての人は，良心と宗教，表現，平和な集会や団体を結成する基本的自由をもっている。

参加：すべての人と地域社会は，持続可能な暮らしに完全にアクセスすることができ，彼らに影響をあたえる決定事項に効果的に参加できなければならない。

出所：『教育と持続可能性　グローバルな挑戦に応えて IUCN』レスティー，2003から抜粋

「持続可能な開発」は，その後，ブルントラント報告書（1987年）で「将来の世代の欲求を満たしつつ，現在の世代の欲求も満足させるような開発」とされ，1992年のリオサミットで参加各国の同意を得て，その成果文書『地球環境行動計画（アジェンダ21）』として発表された。このときのリオサミットでは，

今日の世界の環境へと取り組みの柱ともいえる生物多様性条約，気候変動枠組み条約など環境にかかわる重要な国際法の枠組みが合意されている。

（2）私たちがめざす Development（開発・発展）とは

ところで SDGs に対して，これを批判的にとらえる見方があることにもふれておきたい。2019年3月に京都で開かれた日本環境教育学会主催のシンポジウムでは，会場の聴衆の一人から「SDGs は『開発』という行為を全面的に肯定していて，批判的にとらえていないではないか」というコメントがあった。たしかに「Sustainable（持続可能な）」という前提がつけられているものの SDGsは，環境重視の立場の人々からみれば「Development（開発・発展）」を全面的に肯定・優先させている主張とみることもできよう。「それでよいのか」という問いにこたえるには，Development（開発・発展）とは何かを整理しておく必要がある。この問いへの答えとして，本書の考える Development（開発・発展）とは**内発的発展**であることを明確にしておきたい。鶴見和子はその著書『内発的発展論』（1980）で，下記のように内発的発展を紹介している。

内発的発展とは
（1）食料・健康・住居・教育など，人間が生きるために基本的要求が充たされること。
（2）地域の共同体の人々の共働によって実現されること，そのことを自助と呼ぶ。
（3）地域の自然環境との調和を保つこと。
（4）それぞれの社会内部の構造変革のために行動を起こすこと。

この4項目は，1975年にダグ・ハマーショールド財団が提出した報告書のなかの記述を鶴見が引用したもので，鶴見自身もこれを内発的発展と考えていると読み取れる。ここで示されるのは，近代化に伴う外部からの力によってなされる外発的開発ではなく，内発性を重視するもう1つの開発・発展の姿である。地域が発展の単位の基本であること，地域の自然生態系との調和を重視すること，地域の文化遺産（伝統）に基づく人々の創造性を重んじることなど

が，従来いわれてきた「開発・発展」にはない点といえる。私たちがめざす
Development（開発・発展）とはこのような「内発的発展」である。

第3節　学校教育における ESD の意義─「持続可能な社会の創り手」と「社会に開かれた教育課程」

　SDGs を実現するための教育として，20世紀後半に登場した教育思潮が ESD
（Education for Sustainable Development，持続可能な開発のための教育）である。
ESD は，1992年のリオサミットでの成果文書『地球環境行動計画（アジェンダ
21）』の第36章として広く世界に知られるようになった。持続可能な開発を進
めるための実施手段として，教育，意識啓発，訓練の推進が必要だというの
が，その骨子である。ESD はその後，2005～2014年までの10年間，**国連 ESD
の10年**として世界的な普及キャンペーンが展開された（この「ESD の10年」は
日本政府が日本の NGO と一緒に国連に提唱し，国連総会で採択されたものである）。
その際，この「ESD の10年」の国際的な実施計画をユネスコが策定した。そ
のなかで，「**既存の教育の方向づけ**（Reorienting education towards sustainable
development）」の必要性が示されている（下線は筆者）。

既存の教育の方向づけ
　これまでの教育では，持続可能な社会を創造することはできません。現状の
教育は，私たちの生活様式を支えるために大量の資源とエネルギーを使うこと
が当然視しており，その結果，各国には深刻な環境への影響（ecological foot
print）が残ってしまいます。持続可能な未来の創造は，単に教育の量を増やす
よりも，教育の内容と方法（content and relevance）を変えることによって実現
します。環境，経済，社会の3つの分野において，持続可能性に関連するより
多くの原則，知識，スキル，視点，および価値を含めるよう，就学前教育から
大学教育までの現在の教育を問い直し，再考し，修正することが重要です。
　　　　　　　出所：『国連 ESD の10年国際実施計画（2005）』より抜粋・筆者訳

　このように ESD を進めるためには，上記の下線部にある「教育の内容と方
法を変える」ことが必要なのだが，その具体的方法はどうあるべきだろうか。
ユネスコが『国連 ESD の10年国際実施計画（2005）』[1]を策定した翌年，日本

政府は，この実施計画の国内版として，『わが国における国連持続可能な開発のための教育の10年実施計画』(2006) を策定した。このなかで，ESD 推進の指針として，下記のとおり「**地域づくりへと発展する取り組み**」が必要であることが示されている（下線は筆者）。

地域づくりへと発展する取り組み
　ESD の取組においては，学習者が多様な課題を実感し，自らの問題として捉え，解決に向け実践することが必要です。そのため，教育を受ける個人に近い地域において，地域の特性に応じた実施方法を開発し，発展させることが重要です。（中略）各地域では，地域特性に応じた教育や各種の地域課題を解決するための活動等が実践されています。また，地域教育力の再生のための取組も各地で始められています。さらに地域の伝統的な文化を大切にする取組も，地域の関係性を保ち，向上させるものとして有効です。
　これらの活動について，ESD の取組として捉え直すと，既に多くの活動が ESD の観点を踏まえて実践されているものがあり，また，必要な見直しを行うことにより，ESD の取組として捉えることが可能となります。（中略）地域づくりへの参画は，大人ばかりでなく子どもの参画という視点も大切です。（後略）
出所：「わが国における国連持続可能な開発のための教育の10年実施計画」(2006) より
　　　抜粋

『わが国における国連持続可能な開発のための教育の10年実施計画』(2006) が策定された当時，ESD は，外交を担当する外務省，環境行政を担当する環境省の動きが活発で，教育行政を担当する文部科学省ではユネスコ国内委員会を所管する部署である国際統括官室を除けば，それほど活発な動きはみられなかった。文部科学省が，ESD に本格的に取り組みはじめたのは，2008（平成20）年7月に策定された教育振興基本計画において，今後5年間に総合的かつ計画的に取り組むべき施策の1つとして「**持続可能な社会の構築に向けた教育に関する取組の推進**」が示されたころからである。2008・2009（平成20・21）年に告示された学習指導要領においても，中学校，高等学校の一部の教科・科目に持続可能な社会の形成に関する事項が明記され，今後授業として具体化されていくことが示された。こうした動きを経て，教師や学校側の ESD へのとらえ方を示した文書として，国立教育政策研究所は，2012年に『学校における

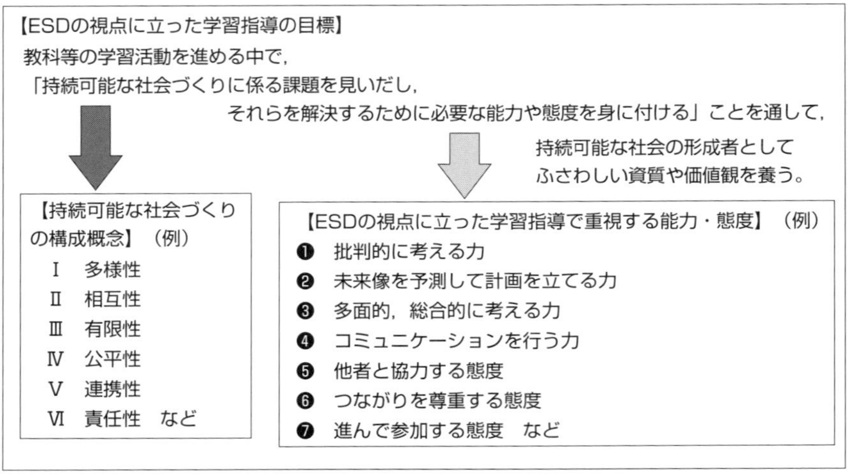

【ESDの視点に立った学習指導の目標】
教科等の学習活動を進める中で、
「持続可能な社会づくりに係る課題を見いだし、
それらを解決するために必要な能力や態度を身に付ける」ことを通して、
持続可能な社会の形成者として
ふさわしい資質や価値観を養う。

【持続可能な社会づくり
の構成概念】（例）
Ⅰ　多様性
Ⅱ　相互性
Ⅲ　有限性
Ⅳ　公平性
Ⅴ　連携性
Ⅵ　責任性　など

【ESDの視点に立った学習指導で重視する能力・態度】（例）
❶　批判的に考える力
❷　未来像を予測して計画を立てる力
❸　多面的，総合的に考える力
❹　コミュニケーションを行う力
❺　他者と協力する態度
❻　つながりを尊重する態度
❼　進んで参加する態度　など

図 0 - 2　ESD の学習指導過程を構想し展開するために必要な枠組み

出所：「学校における持続可能な発展のための教育（ESD）に関する研究」（最終報告書，
　　　2012）p. 4

持続可能な発展のための教育（ESD）に関する研究（最終報告書）』[2]を発表した。ここでは ESD にかかわる内容と方法にかかわる研究成果のほか，図 0 - 2 の「ESD の学習指導過程を構想し展開するために必要な枠組み」が示されている。

ESD は，2020年度から順次改訂される**学習指導要領**[3]の前文で「**持続可能な社会の創り手となることができるようにすることが求められる**」と明記されるなど，今日の学校教育において重要な位置におかれるようになった。さらに，従来は「総合的な学習の時間」のなかで取り上げられることが多かった ESD は，2020年以降の新しい学習指導要領では，下記のとおり「**社会に開かれた教育課程**の実現」としてすべての教科・領域で展開することが求められている（下線は筆者）。

「持続可能な社会の創り手」と「社会に開かれた教育課程」
　これからの学校には，こうした教育の目的及び目標の達成を目指しつつ，一人一人の児童が，自分のよさや可能性を認識するとともに，あらゆる他者を価値のある存在として尊重し，多様な人々と協働しながら様々な社会的変化を乗

り越え，豊かな人生を切り拓ひらき，持続可能な社会の創り手となることができるようにすることが求められる。このために必要な教育の在り方を具体化するのが，各学校において教育の内容等を組織的かつ計画的に組み立てた教育課程である。教育課程を通して，これからの時代に求められる教育を実現していくためには，よりよい学校教育を通してよりよい社会を創るという理念を学校と社会とが共有し，それぞれの学校において，必要な学習内容をどのように学び，どのような資質・能力を身に付けられるようにするのかを教育課程において明確にしながら，社会との連携及び協働によりその実現を図っていくという，社会に開かれた教育課程の実現が重要となる。（後略）

出所：2017年版（2020年実施）「小学校学習指導要領 前文」より抜粋

　これまでの流れを整理すると，ESD は，最初に国際合意（1992年のリオサミットや2005年の国連 ESD の10年国際実施計画）でその大枠の指針が示され，それに基づき日本政府としての国内指針（「わが国における国連持続可能な開発のための教育の10年実施計画」(2006)）が策定され，その後に教育行政を所管する文部科学省によって教育振興基本計画や学習指導要領に反映されてきたといういわばトップダウン型の教育思潮と理解することができる。だが教育の内容や方法は実際には現場の教師や指導者一人ひとりによって実践されるものであり，国連や政府の指針を意識しつつも，その具体的なあり方の模索はそれぞれの教育現場での試行錯誤を通して議論を深めていくべきものといえる。

　また各大学等の教職課程は，そうした現場に立つ教師になるための学生諸君に，教育の歴史，制度，技術にかかわるこれまでの蓄積や到達点を示すとともに，今日の学校現場が直面する諸課題についても示したうえで解決の方策をともに議論していく場でもある。この後者（学校現場の諸課題の確認と解決策の検討）は各大学等の教職課程のみならず，教員免許更新講習を含む現職教員の研修においても着実に実施されるべきであろう。また，「社会に開かれた教育課程」という今日の教育要請を考えると，学校をとりまく地域住民が学校や教育について基礎的な理解をしておくことも重要である。こうした観点から，教職課程に在籍していないすべての学生に向けても学校や教職にかかわる一定程度の教育が必要と筆者は考えている。

第4節　本書の概観

　本書はこれまで述べてきたことをふまえて「SDGs 時代の教育とは何か」を示そうとの意図で編纂されている。本書は各大学で開講されている教職課程の授業科目のうち，とりわけ「**教職の意義および教員の役割・職務内容（チーム学校への対応を含む）**」にかかわる科目（科目の名称は各大学によって異なる）の履修者を読者として想定している。教員免許法改正により，2019年度より各大学教職課程では，「教職課程を編成するにあたり参考とする指針」に基づく教職カリキュラムが実施されることとなった。教職コアカリキュラムは，各大学が共通して学生に習得させるための指針だが，同時に地域や学校現場のニーズに対応した教育内容や，各大学の自主性や独自性を発揮した教育内容も求められている。そこで，本書では「教職の意義（第1章，第2章）」「教員の役割（第3章，第4章）」「教員の職務内容（第5章）」「チーム学校への対応（第6章，第7章）」といった教職コアカリキュラムで求められる基本的な事項にそって章を構成したうえで，各章の各論において「SDGs 時代の教育とは何か」について各著者の研究成果をふまえた学校現場や地域での課題の解説や論点提起を行うこととした。

　第1章では，教職の意義のうち，日本国憲法，教育基本法，学校教育法をはじめとする教育関連法に基づく学校の位置づけを解説し，今日の教育が日本国憲法に定められた「基本的人権の尊重」「国民主権」「平和主義」の精神が生きる社会を，教育の力で構築していくことを目的として発展してきたことを解説した。そのうえで法的には保護されているはずの〈学習権の行使〉が「不登校」に象徴される今日の学校教育の問題のなかで十分に機能していないこと，さらに SDGs の時代の学校教育で重要になるのが，人権保障・多文化共生・社会参画であることを示した。

　第2章では，公共的な職業としての教職の意義とその特徴をとらえ，教職観を戦前型の教師聖職論，戦後初期の教師労働者論，ILO/ユネスコの教師専門職論の3つに整理したうえで，今日の教員の専門職性を「民主的専門職性」ととらえ，その内実を自律性，公共性，参加と関与として位置づけた。今日，各

地の学校では，授業スタンダードや学力スタンダードがつくられ，授業の規格化・標準化が進められ，こうした規格化のもとで，しかも日本の教員の場合にはさらに長時間労働が加わって，教職の「非専門職化」「脱専門職化」といった専門職化に逆行する現象が起きている。こうした現状をふまえ，SDGsの時代の今日，教員には「学び（学習）のファシリテーター」「子どもたちに「市民性（シティズンシップ）」を育てること」「子どもたちを地球市民（グローバル・シティズンシップ）へと育てること」といった役割が求められること，またこうした役割を担うための資質・能力を示した。

　第3章では，教員の重要な仕事である教育課程（カリキュラム）に着目した。系統主義と経験主義というこれまでの教育課程をめぐる主要な議論を整理し，学校における教育課程の指針である学習指導要領について歴史的な変遷をふまえて解説した。そのうえで現在の2017年改訂学習指導要領のなかで子どもたち「一人一人が持続可能な社会の担い手」になるという究極目標が示されたことが，教育課程上の大きな転換であることを示し，新しい教育課程づくりの先駆的取り組みとして始まっている「ESDカレンダー」について解説した。

　第4章では，授業の役割や構造など，授業づくりを支える基盤をふまえて，すぐれた授業とは子どもの納得世界を探る授業である，との立場から日常生活からより抽象的，論理的な理解へと「わかる授業」の進め方を解説した。そのうえで，これまでの授業をどう転換すると「授業のESD的転換」になるのかを具体的な事例をもとに説明した。

　第5章では，教員となるために把握しておきたい法令や制度などをたどりながら，教員の仕事や役割を確認した。学習指導と生徒指導という2つの重要な職務に加え学校現場で教員には公務分掌というかたちでさまざまな役割が求められる。そうした職務を行う際，教員には，従わなければならない義務や規律としての服務があり，それらは職務上の義務と身分上の義務とに大別される。教員には身分が保障されているが，服務に違反すれば分限処分や懲戒処分といった処分が課せられることもある。この章では，教員をめぐる法的な立場を確認したうえで，すべての子どもたちが持続可能な社会を構築するための知識

とスキルを獲得できるよう，教員自身が広い視野をもち，自ら学びを深める姿勢をもつための研修制度の現状やその課題を示している。

　第6章では，地域社会と学校・教員について論じた。学校と地域の関係が今日までどのように変遷してきたのかを振り返り，コミュニティ・スクールが提起する学校と地域の関係を示した。子どもが豊かに育つ地域と学校の連携とは，子どもからの発信を受け止め，大人が実現するという地域参画のスタイルを模索することであり，そのために教師が地域づくりを見通すことの重要性を示している。こうした議論を経て，結論としてこの章では持続可能で活用可能な「ケアする共同体」を提起した。

　第7章ではSDGs時代における教育課題を示した。生産年齢人口の減少，高齢化率の上昇が起きている今日，AI（Artificial Intelligence：人工知能）を活用したロボットによる自動化，そして外国人材の活用という2つの政策が進められている。こうした社会を背景に，グローバル人材育成であるスーパーグローバルハイスクール（SGH），グローバルな社会課題への対応としてのユネスコスクールなどの動きを紹介したうえで，未来の学校づくりに教員が参画していく際の課題や論点を社会的包摂（インクルーシブ）教育，オルタナティブ教育，メディアリテラシー教育の3点として示した。

参考文献
カント『永遠平和のために』集英社：復刊版，2015年
鶴見和子・川田侃『内発的発展論』東京大学出版会，1989年

注
（1）国連持続可能な開発のための教育（Education for Sustainable Development：ESD）https://www.mofa.go.jp/mofaj/gaiko/kankyo/edu_10/10years_gai.html（2019年6月4日確認）。
（2）「学校における持続可能な発展のための教育（ESD）に関する研究」（最終報告書）https://nier.repo.nii.ac.jp/index.php?active_action=repository_view_main_item_detail&page_id=13&block_id=21&item_id=459&item_no=1（2019年6月4日確認）。
（3）2017年度版（2020年実施）「小学校学習指導要領」http://www.mext.go.jp/a_menu/shotou/new-cs/1384661.htm（2019年6月4日確認）。

第1章
学　校

　21世紀の学校教育は，国境を超えて人・情報・技術などが移動するグローバリゼーションの影響によって，大胆な変革が求められる時代に入った。ICTの発達，気候変動の激化，多国籍企業の巨大化などの国際的な課題の解決が求められる時代のなかで，私たちは計12年間の学校教育を受けて大学に進学してきた。各学校では，全員が各教科，道徳，特別活動，総合的な学習の時間などの科目を履修し，基礎的な知識と技能そして態度を身につけ，部活動や学校行事の取り組みを通じて固有の人格を形成してきた。

　じつは，これらの個人的な経験は，「学校教育の歴史」という時間軸と「世界の中での日本」という空間軸の交差する地平の上に位置している。しかし，私たちは学校と家庭の枠のなかで生活する時間が多かったために，かえって「学校」というものの姿が見えていないではないだろうか。ここで，いったん個人の経験から離れて「学校」を客観的にとらえてみよう。「学校とは，そもそも何なのか？」「何のためにあるのか？」など，当たり前のことを1つ1つ問い直してみるのだ。その問いについて考えることは，自分の姿を鏡に映すことと同じである。なぜなら，〈わたし〉という人格のかなりの部分が，学校教育によってつくりあげられてきたものだからである。

　本章では，現在の学校と教育制度を理解したうえで，そこにはどのような特徴と問題があり，SDGs時代に向けて，それをどのように変革していけばよいか考えてみたい。

著者紹介

小玉　敏也（麻布大学生命・環境科学部教授）
1961年生まれ。立教大学大学院博士後期課程修了。博士（異文化コミュニケーション学）。埼玉県公立小学校教員を経て現職。立教大学 ESD 研究所客員研究員。
『学校での環境教育における「参加型学習」の研究』（風間書房，2014年），『持続可能な未来のための教育制度論』（学文社，2018年）

第1節 「学校」とは何か

　「学校」という言葉を聞くと，母校の校舎や校庭の風景，先生や同級生の顔，あるいは部活の練習や試験勉強など，たくさんの光景が浮かんでくる。再会した友人と話が弾むのは，これら共通の学校体験があるからである。しかし，それは一生徒の立場から浮かぶ光景であり，教員や保護者，地域住民などの立場からは，かなり異なった学校像が浮かぶはずである。また同じ生徒でも，不登校・いじめの経験者，障害者，高校中退者，在日外国人の生徒は，現在の学校をさらに異なる視点からとらえているにちがいない。つまり，各々の立場や経験によって多様な学校像があることに留意しなければならない。

（1）「学校」の定義

　「学校とは，何のためにあるのか？」と問われたら，どのように答えるだろう。一般的には「勉強するため」と答えて，続けて「小中学校は義務教育だから」「友だちと部活動をがんばった」「大学受験は大変だった」などさまざまな言葉が出てくることだろう。もちろん，学校によい印象をもつ人も多いのだろうが，ときに私たちは「義務」「強制」などの言葉と結びつけて，距離をおきたくなる場所としてとらえがちである。

　学校とは，異なる家庭，地域，国籍の子どもが集まって学ぶ場所であるが，同時に法律に定められた教育制度のなかに位置づく一機関でもある。したがって，学校を理解するには，**日本国憲法**（以下，憲法）とその精神を具現化した**教育基本法**（以下，基本法），そして**学校教育法**をはじめとする教育関連法に着目しなければならない。

　まず，学校教育法では，以下のように学校を定義している。

【学校教育法】
　第1条（学校の定義）この法律で，学校とは，幼稚園，小学校，中学校，義務教育学校，高等学校，中等教育学校，特別支援学校，大学及び高等専門学校とする。

同法では，この9種を法律上の学校と規定し，通称「一条校」と呼んでいる。この法律は1947年に施行されたが，その当時は幼稚園，小学校，中学校，高等学校，大学および専門学校しか定めておらず，すべての子どもが同じ学校段階を経過する**単線型の学校制度**を基本にしていた。その後，1961年に高等専門学校，1998年に中等教育学校（いわゆる「中高一貫校」），2015年に義務教育学校（いわゆる「小中一貫校」）が追加され，子どもによって進む学校が異なる**複線型の学校制度**に変化してきている。また，障害のある子どもが通う学校は，盲・聾・養護学校という障害別の学校から，2007年に特別支援学校という一体型の学校に統合された。時代の要請によって，学校の種別と制度が変化してきたのである。

　別の観点から，歴史的に形成された学校のとらえ方もある。学校を「組織的・計画的に教育を行う場所」と広く考えた場合，中世の足利学校や江戸時代の寺子屋などの教育機関も，近代以前の民衆が自発的につくった学校の一形態とみることができる。また，19世紀（明治期）以降に全国各地に設立された近代の学校も，地域住民が何代にもわたって関与する過程で，郷土愛と結びついた固有の学校像を形成してきた。「母校」「おらが学校」などの言葉は，その心象をよく表している。このように，学校が地域（住民）とともに発展してきた歴史も忘れてはならない。

（2）「学校」の存在意義

　そもそも，なぜ学校は社会のなかに存在しているのか。前節では「勉強するため」と答えたが，法の論理をふまえれば「日本国憲法と教育基本法の理念を具現化するためにある」と答えるのが妥当である。

　憲法と基本法では，学校が社会に存在する理由を「教育の権利と義務」と「公の性質」という概念から説き起こしている。

【日本国憲法】
第26条（教育を受ける権利，教育を受けさせる義務，義務教育の無償）すべて

の国民は，法律の定めるところにより，その能力に応じて，ひとしく教育を
受ける権利を有する。
②すべての国民は，法律の定めるところにより，その保護する子女に普通教育
を受けさせる義務を負う。義務教育は，これを無償とする。

【教育基本法】（学校教育）
第1条　教育は人格の完成を目指し，平和的で民主的な国家及び社会の形成者
として必要な資質を備えた心身ともに健康な国民の育成を期して行わなけれ
ばならない。
第4条　全て国民は，ひとしく，その能力に応じた教育を受ける機会を与えら
れなければならず，人種，信条，性別，社会的身分，経済的地位又は門地に
よって，教育上差別されない。
　2　国及び地方公共団体は，障害のある者が，その障害の状態に応じ，十分
な教育を受けられるよう，教育上必要な支援を講じなければならない。
第6条　法律に定める学校は，公の性質を有するものであって，国，地方公共
団体及び法律に定める法人のみが設置することができる。

　憲法第26条は，学校の存在意義を説明する重要な条文である。そこでは，子
どもが学習を通じて人格的に成長することを「権利」として保障し，親（親権
者）が子どもを就学させる「義務」を負うことを定めている。この理念を受け
て，基本法第1条では，広義の教育の目的を，個人の人格を陶冶し国家・社会
の形成者を育てることと定めている。同法第4条は，憲法第26条の理念をさら
に具体化した条文である。ここでの「ひとしく」とは，**教育の機会均等**を意味
し，とくに経済的理由による不就学がないようにすることを求めている。ま
た，「能力に応じた教育を受ける機会」とは，障害者の教育も視野に入れて，
子どもの発達に応じて能力を伸ばす教育を保障することを意味している。同法
第6条では学校教育が社会の公共的な課題として国民全体のために行われるこ
とを「公の性質」という言葉で示し，その継続性と安定性を担保するために，
学校の設置者を国と地方公共団体，法人の非営利的な主体に限定している。た
だし，2002年施行の構造改革特別区域法では，株式会社（学校設置会社）も学
校を設置できるようになり，通信制の高等学校を中心に全国で23校が設立を認

められている（2019年現在）。

　したがって，冒頭の「学校は何のためにあるのか」との問いには，子どもの立場でいえば「学習を通じて能力を伸ばし豊かに生きる権利を行使する（＝学習権の行使）」ためにあると答えなければならない。そして設置者の立場でいえば，「その権利を確実に保障するため（＝学習権の保障）」に学校を設置していると答える必要がある。少なくとも，憲法と基本法は，そのような論理で学校を位置づけている。

（3）公教育における学校

　公教育とは，国または地方公共団体などが法制度の下で管理・運営する学校教育（幼稚園・私立学校も含む）と社会教育の総体を意味し，基本法第6条の「公の性質」を具現化したものである。学習権の行使／保障は，同法第1条をふまえれば，「人格の完成」をめざす〈個人〉を想定しているが，学校は「平和的で民主的な国家及び社会」を形成する〈国民〉育成の役割も担っている。つまり公教育は，施設・設備等のハード面と教育課程・授業等のソフト面の両面から，個人の学習権行使／保障と国民育成を実行する責任を負っているのである。

　公教育のハード面は，全国各地に学校施設が建ち，ほぼ同一の設備を整えている事実をみれば，すぐに了解できるだろう。たとえば，直方体の校舎，直線の廊下沿いに並ぶ同一規格の教室，1周200mのトラックがある校庭などは，**学校教育法施行規則**第1条「学校には，その学校の目的を実現するために必要な校地，校舎，校具，運動場，図書館又は図書室，保健室その他の設備を設けなければならない」に基づいて国および地方自治体が設置したものである。いっぽう，ソフト面では，各学校での教育課程に基づいた授業が，教員免許を有する教員によって行われている事実から了解できる。各学校は，国が公示した**学習指導要領**に基づいて，地域の実態に合った教育課程を編成し，専門性をもつ教員が授業を実施することによって公教育の質を担保している。

　どちらも当たり前のことにみえるが，これらは国および地方公共団体が，憲法の理念をふまえて公教育を展開してきた具体例なのである。それに対して，

家庭や塾・予備校などで行われる**私教育**という領域がある。これは，法律の制約や財政的な支援を受けずに当事者の責任で行う教育を意味する。およそ「教育」を語るときには，2つの領域を区別して議論する必要がある。いずれにせよ公教育は，このような憲法と教育関連法の下で，いくどかの改正を経ながら，現在のかたちに発展してきたのである。

第2節　学校教育の史的展開と問題

（1）学校教育の史的展開

　日本の学校教育は，第二次世界大戦前の国家主義教育を否定し，敗戦後の1946年制定の日本国憲法に定められた「**基本的人権の尊重**」「**国民主権**」「**平和主義**」の精神が生きる社会を，教育の力で構築していくことを目的として発展してきた。戦後の学校教育は，学習指導要領がめざす市民像の変遷をたどることによって，その歴史も概観することができる[1]。

　表1－1での変遷をふまえると，日本の学校教育は，その時代その時代の諸課題に対応した学習指導要領によって，教育理念，教育制度，教育内容・方法を大きく変化させてきたといえる。その特徴は，法令体系に基づく制度を基盤として，学校教育の基礎的条件（人口動態予測に基づく学校の施設・設備の拡充，国内外の政治・経済情勢に対応した教育改革の推進，初等・中等教育の一貫性と質・量の確保，財政支援による教育の無償化）が，国および地方公共団体の教育政策によって確立されたことである。これは，諸外国の教育制度と比較しても，基礎教育の観点（乳幼児の発達支援，児童生徒の健康管理，学校教育への平等なアクセス，基本的知識・技能の定着，障害者教育の進展）からすぐれた教育システムとして評価することができる。たとえば，「ある地域に住む子どもが，別の地域（外国の日本人学校も含む）に転校しても，ほぼ同一内容・同一水準の教育を受けられる」という事実は，日本の学校教育制度の特長の一つであり，学校の**社会的維持機能**をよく表している。

　20世紀は，国および地方公共団体による教育政策によって教育制度の拡充が図られてきた。しかし21世紀は，グローバル経済と先端技術の急速な進展に

表1-1　学習指導要領と学校教育の変遷

改訂年	学習指導要領	教育政策および教育事情
1947 1951 改訂	**第二次世界大戦後の民主主義社会を担う市民像** 試案「社会科」「自由研究」新設。家庭科の男女共修。（経験主義的教育課程）	**戦後教育の再建**（1947〜）。日本国憲法，教育基本法の発布。教育勅語の排除。教育委員会制度の導入。 **戦後教育政策の転換**（1950〜）。学習指導要領の国家基準化。教職員の勤務評定の実施・政治的行為の制限。教育委員会制度の公選制廃止。教科書検定制度。
1958 1960 改訂	**経済復興に努力する勤勉な国民像** 基準　文部省告示。基礎学力の充実。科学技術教育の向上。「道徳の時間」新設。職業教育の充実。 「外国語」必修化（高校）。（系統主義的教育課程）	**戦後教育政策の混乱と対立** 高度経済成長期における教育の量的拡大政策（教職員の大量採用，教育学部の設置）。高校の定時制・通信制教育の拡大と職業教育の多様化。全国一斉学力テストの実施と中止。教科書裁判。
1968 1969 1970 改訂	**高度経済成長下，生産性の高い目的追求型の国民像** 基準「教育内容の現代化」（教育内容の増加と高度化，理数科の重視）。授業時間数の増加。	**教育投資・人的能力の開発** 「期待される人間像」（中教審答申）。教頭の法制化と主任制導入による教職員の管理体制強化。「落ちこぼれ」増加。高校教育の多様化。高等教育専門学校の新設。
1977 1978 1979 改訂	**成熟社会で多様な価値観の国民像** 基準の大綱化　教育内容の精選化。学習負担の適正化。ゆとりある充実した学校生活。「創意工夫の時間」設定。小中高の教育課程の一貫性。授業時間数の削減。	**教育の質的向上への転換** 臨時教育審議会「教育改革に関する答申」。国際人権規約発効。共通一次試験の導入。歴史教科書検定問題。国旗・国歌の尊重。生涯学習理念の導入。
1989 改訂	**生涯学習社会を自己教育力で切り拓く国民像** 「新学力観」の理念。「生活科」（小学校）「課題研究」（高校）の新設。選択教科の拡大（中学校）。家庭科の男女必修。道徳教育・情報教育の重視。	**教育の自由化・個性化** 国連「子どもの権利条約」発効。ユネスコ学習権宣言。初任者研修の実施。大学センター試験実施。学校週五日制の段階的導入。全日制単位制高校・総合学科の新設。初任者研修制度の導入。いじめ・不登校の増加
1998 2003 改訂	**不透明な情報化時代を生き抜く国民像** 「生きる力」（確かな学力，豊かな人間性，健康・体力）の理念。教育内容の厳選。「総合的な学習の時間」（小中高）新設。「産業社会と人間」新設（高校）。高校における情報科・福祉科の新設。体験活動の重視。	**新自由主義下での教育の地方分権化** 完全学校週五日制。生涯学習社会への移行。学習指導要領の学校裁量の拡大。「国旗・国歌に関する法律」公布。「学力低下」論争と「ゆとり教育」批判。PISA（生徒の国際学力到達度調査）ショック。文部科学省アピール「学びのすすめ」。 国連持続可能な開発のための教育（ESD）の10年（2005〜2014年）
2008 2009 改訂	**グローバルな知識基盤社会で活躍する日本的市民像** 「知識基盤社会」の構築。教育課程全体の道徳化。言語活動の重視。授業時間数の増加。学力の構造化（習得・活用・探究）。英語活動の導入（小学校）。	**教育の国際化と国家主義化** 教育基本法改正。第1期・第2期教育振興基本計画。全国学力・学習状況調査の実施。OECDキーコンピテンシー。教育再生（実行）会議。18歳選挙権。子ども・子育て支援法，いじめ防止対策推進法の成立。教員免許更新制度。新教育委員会制度。
2017 2018 改訂	**知識創造社会で学びを変革する日本的市民像** 「特別の教科道徳」新設（小中学校）。「外国語科」（小学校），「公共科」（高校）新設。	**グローバリゼーションへの積極的適応** 第3期教育振興基本計画。 教育機会確保法，いじめ・自殺事件の増加。 持続可能な開発目標（SDGs）（2015〜2030年）

よって，日本の学校教育は大きな転換点にさしかかっている。その移行過程で，制度自体も大きな問題をかかえてきただけでなく，何より各学校や子どもに大きな影響を与えてきた。

（2）「不登校」に象徴される学校教育の問題

私たちは，現代の学校教育の問題を，過去の経験や報道などからよく知っている。近年，議論される問題をあげれば，学校でのいじめ，自殺の低年齢化，教員の長時間・過重労働，高校・大学の入試改革，授業のアクティブ・ラーニング化など，学校のあり方自体が問われる時代となった。

このような状況のなかで，子どもたちは前述の〈学習権の行使〉を十分に実現できているのだろうか。以下の図1-1[2]は，その理想と現実のギャップを明確に表している。本調査からは，学年が上がるに連れて，家族や先生に対する満足度が少しずつ低下する傾向にあることと，自分の性格と成績に対する満足度が急速に低下していることが読み取れる。とくに後者は，諸外国と比較しても日本の子どもの**自己肯定感**が低いことと符合している。

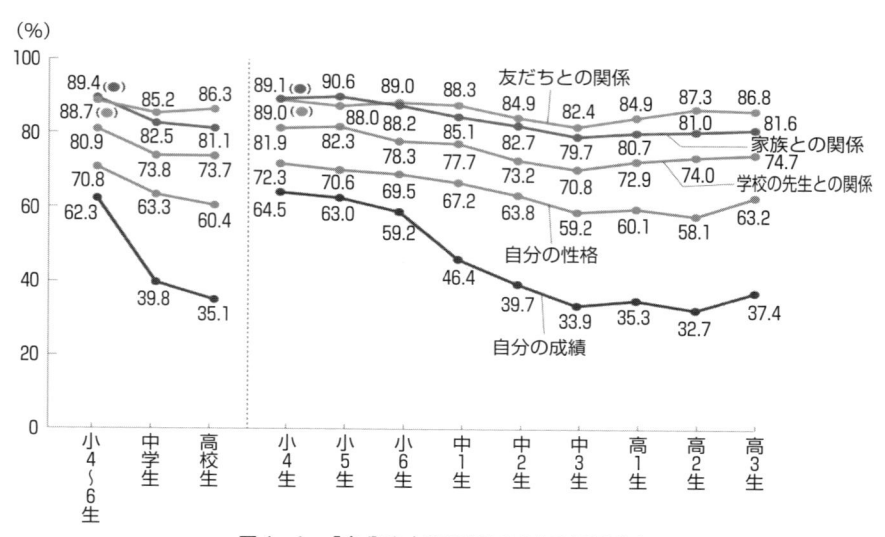

図1-1　「自分や人間関係に対する満足度」

出所：「子どもの生活と学びに関する親子調査2015-2017」

　いっぽう，以下の図1-2⁽³⁾では，現代の子どもの学校に対する姿勢を読み取ることができる。本調査では，不登校の児童生徒が小学校で微増傾向にあり2017年度は3万1151人（全児童数の0.48％）いることと，中学校では増加傾向にあり同年度で10万3247人（全生徒数の3.01％）いることが報告されている。もちろん，これらの資料だけで評価するのは早計であるが，少なくとも日本の子どもは，学習権を十全に行使できている状況になく，そればかりか学校と距離をおく事例が増えていることだけはわかる。

　文部科学省は，不登校を「誰にでも起こりうること」との立場をとっており，学校に行かない子（家庭）の判断も尊重すべきではある。しかし，学習権を保障するはずの学校で，自己肯定感や能力を伸ばす機会を得られず，学校に行かない／行きたくても行けない子どもが増加していることは深刻な問題ととらえるべきである。

　不登校が増加する原因は一人ひとり異なり，親，学校，教師，地域，社会情勢などの諸要因が複雑に絡み合っている。しかし，それを学校教育が引き起こした問題とみなせば，「個人よりも集団を優先する体制」「固定化された学級内

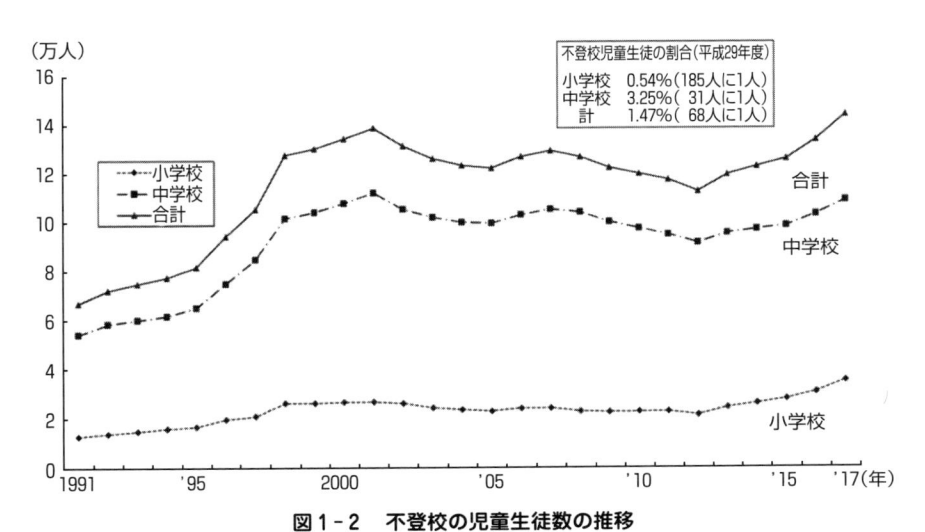

図1-2　不登校の児童生徒数の推移
出所：「児童生徒の問題行動等生徒指導上の諸課題に関する調査」

の人間関係」「同一内容・同一歩調の授業」などの根強い学校文化が原因となっている可能性がある。デジタル・ネイティブ世代の子どもに，旧来の授業の進め方や学級運営の仕方などは通用せず，ICT が急速に発達した社会のなかで制度疲労を起こし，かつては有効であった**学校の統合的機能**が逆に作用していると考えられる。この現状が続くと，経済力のある保護者は私教育（塾・予備校）にわが子を避難させるか，異なる学校文化をもつ私立学校に進学させる傾向がいっそう強まることになり，本来補完し合うべき公教育と私教育が深刻な対立を引き起こす。その意味で，不登校は現代の学校が抱えるさまざまな問題を凝縮した象徴的な問題であるといえよう。

（3）グローバリゼーションの影響

　現代の学校には，教育制度に起因する数多くの問題が潜在し，小手先の改革では解決できない段階に入った。なぜなら，すでに21世紀社会は政治・経済・文化がグローバル化する時代に突入したからである。これからの学校教育は，国内基準による制度改革の限界を見極め，国際標準の教育改革を実行する過程で〈学習権の行使／保障〉を実現していく道を模索せざるを得ない。その意味で，**公教育の構造転換**を問うことなしに，グローバリゼーション時代における学校教育の展望は切り拓けないといえる。

　グローバリゼーションとは，人間生活のあらゆる領域が地球規模で市場化された経済活動によって，人・技術・情報・貨幣・商品が国境を越えて移動する世界的な現象である。とりわけ多国籍企業による富と自然の収奪が引き起こす環境問題（気候変動・熱帯雨林の伐採・自然災害など）と，貧困と格差がもたらす開発問題（人権侵害・移民と難民・紛争と戦争など）が，先進国・開発途上国共通の問題として早急な解決が求められている。多くの国連加盟国は，環境・開発問題が地球と人類の存亡にかかわる問題であるとして，解決のための議論と行動を展開してきた。SDGs は，すべての国連加盟国が取り組む行動計画であり，21世紀は **SDGs 時代の学校教育**のあり方を検討し実践していくことが鍵になる。グローバリゼーションによって，教育そのものが国家間を流通する「商品」とし

て売買される事態も進行しており，その本質的価値が大きく揺らぎはじめている。その意味で，世界の持続可能性に貢献する教育を強化することによって教育の本来的な意義を取り戻し，SDGs をふまえた日本の学校教育の**再方向付け**（Re-orientation）を行う必要がある。そして，日本の学校教育のさまざまな問題をグローバリゼーションの観点から批判的に検討してみることが重要である。

第 3 節　SDGs 時代における教育課題

　日本の学校教育は，2000年代からグローバリゼーションに対応する教育政策を本格的に推進してきた。たとえば，小学校からの英語活動，パソコンを活用した情報教育，地球環境問題の学習だけでなく，近年ではプログラミング学習などの教育内容，Society5.0構想もグローバリゼーションに積極的に対応する教育政策である。しかし，それらはグローバリゼーションの影の部分に着目しないために，弱い立場にある子ども・家庭，あるいは学校そのものを疎外する可能性が強まる。その意味で，今後重要になるのが，**人権保障・多文化共生・社会参画**という 3 つの教育課題であり，それらを相互に関連づけて SDGs 時代の学校教育のあり方を考察しなければならない。

（1）人権保障

　「人権保障」という教育課題は，**子どもの貧困**という現代社会の問題をふまえる必要がある。それは，18歳未満の子どもが，家庭の経済的困窮が原因で十分な教育や体験の機会を得られず，友だち関係や地域社会から孤立し，日常的な学校生活のみならず就学・進学・就職において不利な状況におかれる問題のことである。日本の子どもの貧困率は，OECD 加盟国のなかでも非常に高いグループに属し，およそ 7 人に 1 人は貧困状態にあるといわれている。たとえば，食事を満足に食べられない，必要な学用品が買えない，服装に経費をかけられないなどの状態にあるために，健康を損ねる，学習への関心を失う，人間関係を築けないなどの問題が生じる。さらに，親によるネグレクト，育児放棄，虐待などの深刻な事件に発展する危険性も高まり，人権そのものが剥奪さ

れる事態が懸念されている。国は，2014年に**子どもの貧困対策の推進に関する法律**を施行したが，まだ十分に機能しているとはいえない。

　2018年の文部科学省の調査によれば，不登校の要因としては最も比率が高いのは，小・中学生ともに「家庭に関わる状況」であると報告されている。その内容までは不明だが，家庭の経済的困窮が関係している可能性は十分に高い。2016年には「義務教育の段階における普通教育に相当する教育の機会の確保に関する法律」（通称，**教育機会確保法**）が成立し，不登校の状況に応じた支援，安心して学習できる学校環境の確保，国・地方公共団体・民間団体（**フリースクール**など）が緊密な連携を図ることも定められた。この動きと呼応するように，**通信制高等学校**が96校（1996年）から244校（2016年）へと大きく増加している。

　以上のような法的・社会的条件を整えたとしても，学校は，このような子どもたち（家庭）をどのようにケアし，学ぶ喜びを味わわせればよいのか，目の前の課題として突きつけられている。

（2）多文化共生

　「多文化共生」という教育課題は，多様な文化的・社会的背景をもった子どもが通う学校の増加が背景にある。外国籍の子ども，障害のある子ども，LGBT（同性愛者・両性愛者・トランスジェンダー）などの子どもが1つの教室で学ぶ光景は，今や一般的になりつつある。とりわけ，国内に移入した外国人労働者は約60万人（2010年）から約128万人（2017年）に達しており，加えて2019年に施行された出入国管理法（通称，移民法）によって，これまで以上の外国につながる子どもの増加が予想される。また，特別支援学校／学級に通う障害のある子どもだけでなく，通級による指導を受ける**発達障害**（自閉症・学習障害・注意欠陥多動性障害）の子どもも増加している。文科省の調査によれば2019年時点で約4万2000人の子どもが発達障害であることが判明し，2006年の約6倍となったことが報告されている。文部科学省は，障害の有無にかかわらず同じ教室のなかでともに学び合う**インクルーシブ教育**の方向性を打ち出して

いるが，理念に正当性はあるとしても，現状の学校で実施するには相当の条件
整備が求められる。それよりも，特別支援学校の増設と，通級指導ができる学
校体制の充実，専門的な支援ができる教員と地域スタッフの増員が急務である
という議論が根強い。LGBT については，2015年の民間調査によると約 8 ％
の層（20〜59歳）が該当するとの結果が出ている。2018年のいじめ**防止対策推
進法**に基づく基本方針に「性同一障害や性的指向・性自認に係る児童生徒のい
じめの防止」が規定されたが，各学校ではまだ十分に対応できていない。今
後，概念の浸透とともに LGBT の子どもが増加していけば，更衣室やトイレ
などの施設面での配慮から名前の呼び方や制服・体育着への配慮まで，具体的
な手立てを講じなければならない。

　このような多様な文化集団の平等を達成するときに，従来の学校の常識であ
る「日本語で授業をすること」「男女別で指導すること」「集団で行動するこ
と」などが，子どもによっては大きな心理的負担や障壁になることは十分に考
えられる。学校は，従来の「みんながいっしょ」という教育観を問い直し，
「みんながちがう」を前提とした教育観に根本的にあらためなければならない。

（3）社会参画

　「社会参画」という教育課題は，子どもの政治意識の問題と関連している。
以下の図 1 - 3 は，計 7 カ国の若者（13〜29歳）を対象に行った内閣府による
調査で，「地域社会・ボランティア」に関する回答の一部を掲載したものであ
る(4)。そこでは，（a）「社会問題への関与意識」，（b）「政策決定への参加意
識」が諸外国に比べてきわめて低いことが明らかになり，「社会における問題」
「地域の担い手」という言葉にリアリティーを感じていない様子が了解できる。

　2019年に，日本と西欧諸国の若者の政治意識の格差がよくわかる事件が起
こった。それは，スウェーデンの高校生が地球温暖化対策を政府に求めた抗議
行動に共鳴し，オーストラリア，ドイツの高校生が毎週金曜日に学校を休んで
デモを始め，ベルギー，フランス，イギリスと広がり，各地で数万人単位のデ
モに膨らんだ事件である。日本では，100人ほどの若者がデモを実行したのみ

(a) 社会をよりよくするため，私は社会における問題に関与したい

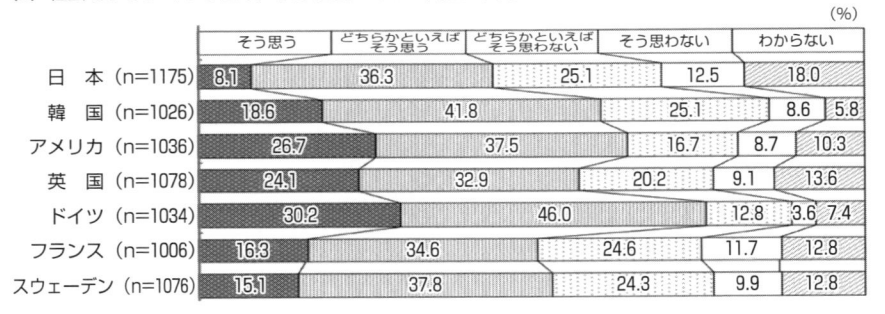

(b) 将来の国や地域の担い手として積極的に政策決定に参加したい

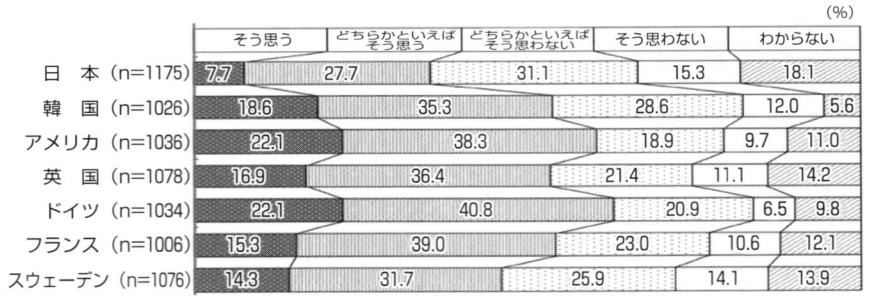

図1-3　「政策決定過程への参与」に関する意識

出所：内閣府「平成25年度　我が国と諸外国の若者の意識に関する調査」

で報道の扱いも非常に小さく，それらの高校生の行動に共感できない若者が多かったのかもしれない。しかし，欧州の若者にとってはハードルが高くない行動だったのかもしれず，この意識の格差が生じる一因におそらく学校教育の影響があるのだろう。

　子どもが不利益を被る場合（いじめ，不登校，虐待・体罰など）や自己実現ができない場合（人間関係の複雑性，学校教育の保守性・選別機能性など）に，大人たちは子どもを被害者の立場でみなしがちである。それは，目の前の問題を解決するためには当然の姿勢である。しかし，憲法・基本法の精神及びSDGsの理念をふまえれば，子ども自らが学習権を十全に行使し，持続可能な社会を築く主体者として成長していくことこそ強く望まれる。所属する学校や身近な地域に潜在するさまざまな課題を解決するために行動すること，社会的課題に対し

て問題意識をもち多様な方法で意見を表明することが保障される学校に変われば，子どもたちの内面に「地域に貢献している」「社会の中で役立っている」という自己肯定感に支えられた健全な政治意識が育つにちがいない。

　折しも，2015年の公職選挙法改正によって，選挙権年齢が20歳以上から引き下げる**18歳選挙権**が実現された。すでに基本法第14条には，**政治教育**の項があり「良識ある公民として必要な政治的教養は，教育上尊重されなければならない」と規定されていたが，学校の政治的中立性を過度に求める論調が長期間続いたため，基本的な知識を教えるだけの狭義の政治教育しか行われてこなかった。しかし，18歳選挙権によって，高校生が現実の選挙に関与する権利と，自身の一票で社会を変える機会を獲得できたわけである。これは，高等学校において民主主義を実践的に体験させる教育が浸透していく可能性を示唆し，子どもと社会との距離が縮まることも期待できる。

第4節　SDGs 時代における学校教育

（1）学校教育を問い直す動き

　現在，全国的に公教育における学校の問い直しの動きが始まっている。

　SDGs 時代の学校教育という観点から，**持続可能な開発のための教育（ESD）**を実践するユネスコスクール（2018年現在1116校）およびサスティナブルスクール（ESD 重点校24校）が拡大してきたことが顕著な例である。それらは，教育課程の内容編成，授業方法，地域との連携などの点で従来の学校教育を革新し，**持続可能な社会の担い手を育成する教育活動**を実践してきたといえよう。ESD は，公立小・中・高等学校だけでなく，幼稚園，私立学校，中等教育学校，高等専門学校，大学，特別支援学校，NPO 法人学校，認定こども園と広範に取り組まれていることが注目に値する。

　2017年には**地方教育行政の組織及び運営に関する法律**（通称，地教行法）と**社会教育法**が改正され，地域と学校の連携・協働に向けて**学校運営協議会**の設置が努力義務化されることとなった。これまで，公立小中学校は地域とのつながりが強かったために同協議会の設置は自然の流れだが，地域との連携を積極

的に行ってきた高等学校は稀なケースだった。この動きのなかで，中山間地・島嶼部の先進的な高等学校では，職業高校や総合高校を中心として地域と協働した高校教育改革が進められようとしている。地域の商工会と連携して特産物を開発する学校，地域産業の活性化プランを提案する学校，授業・実習でつくった農産物を販売する学校など，高校生を地域課題の解決に参画させることで，生徒の**キャリア観**の育成と自己肯定感の伸長，地域への愛着形成を試みている。これらの事例は，高等学校を地域再生の核として機能強化する試みとして評価できる。

　全国各地に，**オルタナティブ・スクール**が開校する動きもある。これは，従来の公教育とは別の運営形態，進級制度，授業科目をもつ学校のことである。たとえば，サドベリー教育，サマーヒル教育，シュタイナー教育，フレネ教育などの海外から入ってきた教育思潮を基礎にする学校，また地方の廃校を再利用して**学社融合**の教育を行う学校，自然体験学習を行う**自然学校**などに生まれ変わる事例も数多くある。オルタナティブ・スクールの定義に曖昧さが残るために，これらの学校の特長を一律に論じることはできないが，既存の学校文化とは対照的で，子どもの自由，個に応じた学習進度，体験の重視などの特徴がみられる。同スクールが増加しているということは，子ども・保護者のニーズの多様化を公教育が丁寧にすくいとれていない現状の反映といえるし，何よりその存在自体が現代の公教育に対する建設的な批判となっている。

　学校教育を問い直す動きには，ある共通点がみられる。それは，〈子どもの学習権の行使／保障〉を多様なかたちで現実化しようとしている点である。公教育の事例では，学習指導要領の「主体的・対話的で深い学び」の先駆的実践として，ユネスコスクールや地域協働の高校の事例が評価される場合もある。しかし，オルタナティブ・スクールの場合は，公教育の規制にとらわれないぶん，もっとラジカルなかたち（学年制の撤廃，授業時間の個別化，固有科目の設定，登校の自己判断など）で，子どもの学習権を保障しようとしている。その多くが，子どものありのままの個性を受容し，体験を通じて思考や感情を豊かに表現することを重視し，従来の教師主体の「授業（＝業を授ける）」から，子

ども主体の「学習（＝学び習う）」を教育活動の基軸とすることを当然の前提としている。後者の試みは，法の論理とは別の学習権保障なのかもしれないが，現代的視点でその内実を創ろうとする教育活動として理解できる。

（2）「社会に開かれた教育課程」の現代的意義

社会に開かれた教育課程とは，中教審によれば以下のとおり定義されている。

---

①社会や世界の状況を幅広く視野に入れ，よりよい学校教育を通じてよりよい社会を創るという目標を持ち，教育課程を介してその目標を社会と共有していくこと。
②これからの社会を創り出していく子供たちが，社会や世界に向き合い関わり合い，自分の人生を切り拓いていくために求められる資質・能力とは何かを，教育課程において明確化し育んでいくこと。
③教育課程の実施に当たって，地域の人的・物的資源を活用したり，放課後や土曜日等を活用した社会教育との連携を図ったりし，学校教育を学校内に閉じずに，その目指すところを社会と共有・連携しながら実現させること

これまで，「地域に根ざす学校」や「開かれた学校」との考え方はあったが，そこに「教育課程」を介して学校と地域が連携するという新たな考え方を示したことは大きな意味をもつ。教育課程を地域と共有することによって，これまで学校と教員（さらに教科書）が教育を占有していた状況から，地域の多様な人々が教育に公的に関与し，あらゆる場が学校に，あらゆる人が教員になりうる可能性も示唆している。

ただ，開かれるべき「社会」をどうとらえればよいのだろうか。既存の「社会」を前提とするなら，学校教育を通じたよりよい社会づくりも，現代社会の構造的問題を再生産することになりかねない。これを，明確に「持続可能な社会」と理解して，環境・経済・社会の均衡がとれた社会を，子どもと大人がどのように協働して創造していくかという観点から，「社会に開かれた教育課程」という考え方を理解すべきである。

（3）SDGs目標を内在化する教育活動

1994年，日本政府は国連総会で採択された**子どもの権利条約**を批准した。その第3条では，締約国が「子どもの最善の利益（the best interests）」を考慮することがうたわれ，「生命に対する固有の権利」「父母によって養育される権利」「自由に自己の意見を表明する権利」「表現の自由についての権利」「思想，良心及び宗教の自由の権利」「結社の自由及び平和的な集会の自由の権利」などの，すでに憲法に定められたいくつかの権利を子どもに保障することを求めている。学校教育の現状を改善するならば，国および地方公共団体が，この条約を原則的に適用するだけでも全国の学校に多くの変化を与えられる。

第3節の人権保障，多文化共生，社会参画の教育課題は，SDGs目標1「貧困をなくす」，目標5「ジェンダー平等」，目標10「格差の是正」，目標16「平和・正義・有効な制度」と関連づけて取り組むことができる。とりわけ，**SDGs目標4**「すべての人々への，包摂的かつ公正で質の高い教育を提供し，生涯学習の機会を促進する」は教育に関する目標であるため，以下のターゲットにも深く関連する。

4.5　2030年までに，教育におけるジェンダー格差をなくし，障害者，先住民及び脆弱な立場にある子どもなど，脆弱層があらゆるレベルの教育や職業訓練に平等にアクセスできるようにする。

4.7　2030年までに，持続可能な開発のための教育及び持続可能なライフスタイル，人権，男女の平等，平和及び非暴力文化の推進，グローバル・シチズンシップ，文化的多様性と文化の持続可能な開発への貢献の理解の教育を通して，すべての学習者が，持続可能な開発を促進するために必要な知識及び技能を習得できるようにする。

4.a　子ども，障害及びジェンダーに配慮した教育施設を構築・改良し，すべての人々に安全で非暴力的，包摂的，効果的な学習環境を提供できるようにする。

学校教育は，子どもの権利条約の理念と合わせて，SDGsの目標4をどのように受けとめればよいのか。それは，各学校の教育目標を検討する段階で，目標4を遠い開発途上国の問題ととらえないで，先進国の日本でも進行している共通の問題として深く受けとめることが重要である。たとえば，「開発途上国

のような絶対的な貧困が日本にはない。しかし，相対的貧困によってさまざまな権利が剥奪されている現実は共通である」との認識をもつこと，「同じ先進国の西欧諸国では，子どもの意見表明権が保障され政治に積極的に関与する事実があるのに，なぜ日本では実現できていないのか」との問題意識をもつこと，つまり学校という組織の運営，教育課程編成，教員の意識のなかで，日本の現実をふまえた〈SDGs目標の内在化〉こそなされなければならない。それは，グローバルな問題（世界の諸課題）をローカルな問題（地域社会の課題）に引き寄せて理解する，あるいはローカルな問題のなかにグローバルな問題を見いだして，教育のあり方を再検討することである。このような，**グローカル・アプローチ**こそが，現代の学校教育に強く求められているのである。

演習問題
① あなたが卒業した高校には，どのような教育課題があり，それをどのように解決していたのだろう。
②「一条校」以外に，どのような学校があるか調べてみよう。
③ 学習指導要領の歴史的な変遷をふまえて，今後の日本の学校はどのような児童生徒を育成していけばよいだろうか。

参考文献
水原克敏『学習指導要領は国民形成の設計書―その能力観と人間像の歴史的変遷』東北大学出版会，2018年
中澤渉『日本の公教育―学力・コスト・民主主義』中央公論社，2018年
篠原清昭編著『教育のための法学―子ども・親の権利を守るための教育法』ミネルヴァ書房，2013年

注
（1）この表は，水原（2018）を参考に作成した。
（2）ベネッセ教育総合研究所『子どもの生活と学びに関する親子調査2015-2017（速報版）』。https://berd.benesse.jp/up_images/research/All_oyako_tyosa_2015_2017_web.pdf 参照（2019年5月5日確認）。
（3）文部科学省「平成29年度児童生徒の問題行動・不登校等生徒指導上の諸課題に関する調査結果について」http://www.mext.go.jp/b_menu/houdou/30/10/__icsFiles/afieldfile/2018/10/25/1410392_2.pdf 参照（2019年5月5日確認）。
（4）内閣府「平成25年度我が国と諸外国の若者の意識に関する調査報告書」（2018年）https://www8.cao.go.jp/youth/kenkyu/thinking/h25/pdf_index.html 参照（2019年5月5日確認）。

コラム　夜間中学校にみる「学校」のあり方

　2016年，教育機会確保法が成立してから全国で初めての夜間中学校が，千葉県松戸市と埼玉県川口市に開校した。『朝日新聞』2019年4月7日付では，この学校（松戸市立第一中学校みらい分校）の様子を以下のように伝えている。

　「新入生の顔ぶれは多様だ。市教委によると，1年生13人，2年生5人，3年生4人。国籍は日本13人，中国3人，ブラジル2人で，カンボジア，フィリピン，アルゼンチン，ネパールが各1人。男9人，女13人で，年代は10代が6人と最多で，50代が4人。」

　「中国出身の1年生，陳碧云さん（50）もその1人だ。約20年前に来日。そば屋でアルバイトをしながら，夫と中学生の娘，高校生の息子と暮らし，松戸自主夜間中学で約10年学んできた。日本語の聞き取りはある程度できるが細かなニュアンスを伝えることが難しく，職場で悔しい思いをしたことがある。『子どもの入学式よりも緊張した。日本語を勉強して，皆と交流できる

ようになりたい』と意気込む。」

　「アルゼンチン人の3年生，カンポ・マルコ・アンドレスさん（26）はシンセサイザー奏者。3年ほど前，ミニバンドの旅行で来日した際に日本人の妻（28）と知り合い，昨年結婚。現在は商品販売の仕事をしている。『まずは日本語をしっかり勉強したい。1年間だが，しっかり学び直しをしたい』と話す。」

　この学校は，一般的な学校とはずいぶんと様子がちがう。たとえば，①多様な国籍と年齢，職業経験をもつ生徒が1つの教室で学んでいる。②教室では文化，言葉，世代などのさまざまな障壁があるが，それが逆に生徒同士が深く学び合える機会につながっている。③個々の生徒が，過去に学ぶ機会を得られなかったことで，逆に学ぶ意欲と必然性が備わっている。④いじめ・不登校などの理由で学校に通えなかった子どもも入学してくる。⑤この学校は1983年発足の「松戸自主夜間中学校」を前身としており，市民ボランティアが若者から高齢者までの幅広い学生を36年間教え続ける運動に支えられてきた。

　もしかすると，これらの特徴は，現代の学校に足りない点ばかりといえるかもしれない。今後，夜間中学校は各都道府県に1箇所以上設立される予定であるという。全国の学校数からいえば1％に満たない少数であるが，本来の「学校」のあり方を考えるとき，夜間中学校の存在は，私たちに深い問いを投げかけている気がしてならない。

第2章
教　員

　本章第1節では，まず教職が専門的な公共の業務であるという意味を押さえ
たうえで，教職の意義とその特徴を，①人類の存続にかかわる文化の伝達，②
子ども・若者など成長期にある特定の集団を相手にしていることの意味，③子
ども・若者とその成長に対する深い理解とそれに基づいた共感や尊重，④子ど
も・若者とかかわり教えることをとおしての学び，としてとらえる。

　第2節では，教職観を戦前型の教師聖職論，戦後初期の教師労働者論，
ILO/ユネスコの教師専門職論の3つに整理したうえで，ILO/ユネスコの教員
専門職論の変遷を検討することをとおして，教員の専門職性を「民主的専門職
性」ととらえ，その内実を自律性，公共性，参加と関与として整理する。

　第3節では，以上の議論をふまえて，今日求められる教員の役割と資質・能
力を考える。

第1節　教職の意義

（1）専門的な公共の業務としての教職

　「教える」ことは日々の生活のなかで何気なく行われているし，ちまたに満
ち溢れている。親が子育てするなかで子どもに教えたり，祖父母が孫に教えた
りする。友だち同士で教え合う場合もあるだろうし，上司が部下に教えること
もある。また小説や映画，マンガ，テレビ番組などからも教えられることがあ
るだろう。これらの行為に共通しているのは，その多くが無償であり，必ずし

|著者紹介|

池谷　壽夫（了徳寺大学教養部教授）
哲学・教育哲学の視点から，ジェンダー・セクシュアリティと教育の問題，男
子問題を中心に研究。著書として『ドイツにおける男子援助活動の研究』（単
著），『男性問題から見る現代社会』（共編著），『東ドイツ‘性’教育史　性をめ
ぐる状況と「生物」教授プラン』（単著），『教科書にみる世界の性教育』（共編
著）他。最近の論文として「新自由主義に対抗する教育実践と新たな人間観・
教育観を！」「中学校『特別の教科　道徳』教科書の問題性」「新自由主義にきわ
めて親和的な道徳―中学校『特別の教科　道徳』教科書の本質」ほか。

も意図的に行われているわけではないことだろう。もちろん子育てはある程度は意図的なものや計画的なものを含んではいる。しかし，それとて常に意図的・計画的であるわけではないだろう。

　ではこうした日常的に行われる「教え」と教職は，どこがちがうのだろう。それは，教職は意図的かつ計画的に「教えること」を専門とした職業だということである。多くの子育てでは「この子はこう育ってほしい」「こういう子になってほしい」という願いはあるものの，それを常に意図的・計画的に行っている親はほとんどいないだろう。この点で教職は子育てとは異なる。

　また教職につくためには，大学・短大に設置してある教職課程を履修し，教職に必要な単位を修得し大学・短大を卒業することによって，各都道府県が発行する教育職員免許状を取得していなければならない。教職につくためには大学・短大を卒業する単位だけをとればいいわけではなく，さらに教職に必要な専門的知識と方法・技術に関する科目などを余計にとらなければならない。

　しかも，教職は公的な性格を強くもっている。たしかに，子育てや日常的になされる「教え」は，近代以降の家族においては，文化の伝達として公的な教育の一部を担っている。しかし，家族は国家に対する私的領域であり，その教育はほかの人から委託されたわけではないという意味で，私的なものである。これに対して教職は，親または保護者（広くは国民），社会から委託された公的な業務であるという性格をもっている。

　したがって，教職は「厳しい，継続的な研究を経て獲得され，維持される専門的知識および特別な技術を教員に要求する公共的業務の一種」（ILO/ユネスコ「教員の地位に関する勧告」第6項）だということができる。

（2）教職の意義とその特徴

　教職が公共的業務の一種であるとしても，ほかの公共的な業務と異なる独自の意義や特徴はどこにあるだろうか。

　まず第一は，教職それ自体が人類的な意義をもっていることである。人間が〈類〉として地球環境のなかで生き延びていくためには，常に新たに生まれて

くる新世代の子どもに旧世代の文化を伝達するだけではなく，新世代の子ども
がその文化を破壊することなく受け継ぎ，何らかのかたちで発展させてくれなけ
ればならない。こうした「文化の伝達」としての教育は日常的にはさまざまな組
織でさまざまな仕方で営まれているが，専門職としての教職は，それらの営みの
なかでも最も意図的なものであり，最も中核となる部分を占めている。教職を中
心とした教育の仕事なくしては，人類は存続しえないのである。

　第二は，教職の仕事の多くが子ども・若者など成長期にある特定の集団を相手
にしていることであろう。かれらは身体的にも精神的にも成長期にあり，しかも
社会的な経験や社会的な知識が未熟であるがゆえに，さまざまな問題を起こした
りもする。また社会的・家庭的な背景のなかでさまざまな問題をかかえている者
たちもいる。そうしたかれらを相手にする教職は，「子どもの最善の利益」（国連
「子どもの権利に関する条約」）をはかるために，教育をとおしてかれらの成長・
発達を促さなければならない。そして，しばしばその成長・発達ぶりを目の当た
りにすることがある。その瞬間，その時を教職につく者は子ども・若者と分かち
もつことができるし，ここに教員の幸せがある。

　しかしその一方では，かれらが問題を起こせば，かれらと真摯に向き合い，し
かもかれらを見放すことなく丁寧にかれらに寄り添おうとする。それでも，とき
にはそれに応えてくれず，かれらに裏切られたり，ときにはかれらを見放したく
なったりもする。だが教職にたずさわる者は，子ども・若者を見放したり，そこ
から逃げたりすることはできない。親や保護者に委託され長時間かれらと過ごす
教員には，教員としてかれらがかかえている問題，かれらが発する声なき声に，
個別的にあるいはチームとしてであれ，応答する責任がある。「教えることは，
世話している生徒の教育および福祉に対する個人的および共同の応答責任感を要
求しもする」（ILO/ユネスコ「教員の地位に関する勧告」第 6 項）のである。

　第三に，そうした応答責任を果たすためにも，教職につく者には子ども・若者
とその成長に対する深い理解と，それに基づいた共感や尊重が強く求められる。
目の前にいる子ども・若者がかかえる社会的な背景や問題を理解し，それ

に共感するとともに，かれらを，一人前ではないが「一人前」へと成長しつつあるものとして，その意味において人権をもった存在として，扱い尊重することが求められる。

　このことはまた，教職につく者に，人間に対する深い理解を求める。人間は根源的にどういう存在なのかを教員養成のなかで学ぶとともに，教職に就いても，子ども・若者とかかわり合うなかで，かれらをとおして人間とは何かを常に学ぶことを迫られる。たとえば，子どもとかかわるなかで，人間は善い行いをすることもあるが，ときには悪にも加担しうる脆弱な存在であることを学んだりするだろう。日々の子どもたちとの付き合いのなかで，かれらが自然にケアしケアされ合っているのを目の当たりにする一方で，弱さに負けていじめをしたりすることも見るであろう。

　第四に，今も述べたように教職の仕事は，とくに成長期にある子ども・若者とかかわり合い教えることをとおして，じつに多くのことをかれらから学ぶことができる。それは，親が子育てをするなかで，子どもをしつけながら，子どもと応答しながら，子どもからじつに多くのことを学ぶし，そこから生きるエネルギーをもらっていることと似ている。

　だが，子育てとはちがう面がある。子育てするなかで，当の相手は次第に大きく成長し，やがては大人になっていく。しかし，教職という仕事では，毎年新たな子ども・若者と出会いかかわるなかで，つらいこともあるが，かれらの溢れる生命力からたくさんの生きるエネルギーをもらっている。そしてそのことによって，教員は，ときには気づかないうちに自らのライフサイクルにおいて直面する悩みや危機をも乗り越えているのである。

第2節　教職観の変遷

　今日，教職は専門職としてとらえられている。しかし歴史を振り返ると，こうした教職観は歴史のなかでかたちづくられてきたことがわかる。ここでは近代学校が成立した明治以降の教職観の展開をみてみよう。

（1）教職聖職者論—戦前の教職観

　戦前の教育においては，1890（明治23）年に出された「**教育に関する勅語**」（以下，「教育勅語」）を基礎にした忠君愛国の教育が中心となっていた。ではそれを担う教員には，何が求められていたのか。

　1872（明治5）年に「学制」が発布され，これまでの庶民の手習い塾であった「寺子屋」に代わり，近代学校がつくられていく。「学制」において教員の規定が定められ，小学（校）教員は「男女ヲ論セス年齢二十歳以上ニシテ師範学校卒業免状或ハ中学免状ヲ得シモノ」（40章），中学校教員は「中学校教員ハ年齢二十五歳以上ニシテ大学免状ヲ得シモノ」（41章）とされた。また，「学制」と同じ年に最初の師範学校がつくられ，その後小学校・中学校教員の養成機関としての役割を果たしていく。この師範学校では，全員に寄宿舎生活を送らせ，兵式体操で身体を訓練し，帰属意識や集団的規律を身につけさせていた。

　初代文部大臣の森有礼のもとで1886（明治19）年に「師範学校令」が制定される。そこには，その時代の教員養成で求められる教員像が端的に示されている。師範学校生徒に備えさせるべき気質として「順良信愛威重ノ気質」（第一条）が求められたのである。この3つの気質は森有礼がもともと「従順」「友情」「威儀」として考えていたもので，ここでいう「順良」とは文部省および校長の命令に従順であること，「信愛」とはこうした上下関係のもとで同僚と友情をもって職務を共同で遂行すること，「威重」とは生徒の行動や態度を重々しく威厳をもって統制することである。その後1897（明治30）年の「師範教育令」ではさらに「順良信愛威重ノ徳性ヲ涵養スルコト」（第一条）とされた。

　1881（明治14）年に制定された「小学校教員心得」ではすでに，1890（明治23）年に渙発された「教育勅語」の内容を先取りするかたちで，小学校教員に対しては，とくに道徳教育に力を入れて，生徒に「皇室ニ忠ニシテ国家ヲ愛シ父母ニ孝ニシテ長上ヲ敬シ朋友ニ信ニシテ卑幼ヲ慈シ及自己ヲ重ンスル等凡テ人倫ノ大道」を教えるとともに，常に「己カ身ヲ以テ之カ模範」となるよう求

めていた。

　「教育勅語」は，天皇が臣民に対して，臣民が守るべき徳を示したもので，戦前の教育の中核をなすものであった。そこでは先に示されたような徳を臣民に求めたうえで，最終的には「一旦緩急アレハ義勇公ニ奉シ以テ天壌無窮ノ皇運ヲ扶翼スヘシ」として忠君愛国を強く求めていた。

　翌年出された「小学校祝日大祭日儀式規程」では，校長や教員は祝日大祭日にはこの「教育勅語」を読み，その内容を解説したりして，「忠君愛国ノ志気ヲ涵養」することが求められた。また「教育勅語」渙発後の1891（明治24）年に出された「小学校教則大綱」でも，道徳教育が重視され，「修身」の授業では「教育ニ関スル勅語ノ旨趣ニ基キ児童ノ良心ヲ啓培シテ其徳性ヲ涵養シ人道実践ノ方法ヲ授クル」ことが求められたのである。

　こうした教員像と忠君愛国をその核とした教育は，敗戦まで変わることがなかった。「3つの気質」を閉鎖的な師範学校で養成された教員は，校長（そして天皇を頂点とする国家）に従順で，生徒に対しては常に模範となって，知識よりも忠君愛国のための徳育に忠実であることが強く求められた。この意味において戦前の教員像は「**教師聖職論**」といっていいものであった。

　もちろん，こうした国家からの要求に対して，子どもを前にしてすべての教師が盲目的に従順に従っていたわけではないであろう。また，こうした忠君愛国的な教育に対して，広がりはきわめて限られているとはいえ，それとは異なる教育をしようとする試みもあった。たとえば，大正期には，都市部の師範学校附属小学校や私立小学校で，子どもを中心に据えた「**大正自由教育**」が起こっていた。また「**生活綴方**」教育が地方農山漁村の公立小学校を中心に起こり，子どもの作文づくり（生活綴方）をとおして，子どもに現実の生活をみつめさせることから教育を行おうとする運動があった。しかしこうした運動すら，戦前においては国家権力によって弾圧された。

（2）教師労働者論

　1945（昭和20）年の敗戦後，日本はGHQ（連合国軍最高司令官総司令部）の占

領下で，大日本帝国憲法に代わり「日本国憲法」（1946年）を制定する。この憲法は，国民主権，基本的人権の尊重，平和主義の理念を掲げ，戦争・戦力を放棄し（第9条），基本的人権を尊重し（第11条），生存権を認め（第25条），教育や労働を国民の権利とした（第26条，第27・28条），世界でも類を見ない画期的なものであった。

　翌1947年には「**教育基本法**」が制定された。これによって，この憲法の「理想の実現は，根本において教育の力にまつ」として，「日本国憲法の精神に則り，教育の目的を明示して，新しい日本の教育の基本を確立」（「教育基本法」前文）しようとしたのである。

　ここでは，「個人の尊厳を重んじ，真理と平和を希求する人間」を育成することと，「普遍的にしてしかも個性ゆたかな文化の創造をめざす教育」（同前文）がめざされている。そして教育の目的は，「人格の完成をめざし，平和的な国家及び社会の形成者として，真理と正義を愛し，個人の価値をたつとび，勤労と責任を重んじ，自主的精神に充ちた心身ともに健康な国民の育成」（第1条）を期すことにおかれた。また教員は，「**全体の奉仕者**であって，自己の使命を自覚し，その職責の遂行に努めなければなら」ず，このために，「教員の身分は，尊重され，その待遇の適正が，期せられなければならない」とされた。

　このように「教育基本法」においては，教員は，①個人の人格の完成をめざし，②戦争を放棄した平和的な国家と社会の形成者となり，③真理と正義を愛し，個人の価値を尊重する，そうした自主的精神をもった国民を育成することを使命とすることになった。これに伴い，戦前の天皇制と軍国主義の推進の支柱であった「教育勅語」は，1948年に「教育勅語等排除に関する決議」（衆議院），「教育勅語等の失効確認に関する決議」（参議院）によって明確に否定されたのである。

　戦後いち早く1947（昭和22）年に，日本教職員組合は教職員の組合として，「われわれは豊かな民主主義教育と文化の建設に邁進することを厳粛に誓う」との宣言を採択し結成された。そして，日本政府の単独講和と再軍備の動き，

対米従属という危機のなかで，平和と民主主義の教育を創造するために，「教師の倫理綱領」が1952（昭和27）年に採択された。戦前に「半封建的な国家主義体制のもとで，屈従の論理を強いられてきた」ことの深い反省に立ち，また「こんにち，われわれの社会は，ますます貧乏と失業を一般化させ，民族の独立さえも危機におとしいれられている」との認識のもとに，「教師は日本社会の課題にこたえて青少年とともに生きる」「教育の機会均等のためにたたかう」「平和をまもる」「科学的真理に立って行動する」「教育の自由の侵害をゆるさない」「教師は正しい政治をもとめる」「教師は親たちとともに社会の退廃とたたかい，新しい文化をつくる」「教師は労働者である」「教師は生活権をまもる」「教師は団結する」の10項目が掲げられた。

　ここでは，戦前の忠君愛国に向けてひたすら「教育勅語」を中心とした道徳教育に埋没して，清貧に甘んじて子どもたちを戦場に駆りたててしまった教員のあり方が痛烈に自己批判され，教師を労働者として規定して，生活権や平和を守り，教育の自由と機会均等を求めて団結することが強調されていた（**教師労働者論**）。当時の切迫した国際的・国内的情勢（とくに東西世界の代理戦争としての朝鮮戦争）と戦後の貧困状態のなかでは，こうした教師の規定はある意味ではやむを得ないものであったであろう。むろん，この規定に対しては，当時でも批判があった。

（3）教師専門職論

　その後，高度経済成長を経て，誰もが高校・大学などへ進学する「大衆教育社会」となり，労働者が大衆化・サラリーマン化するにつれて，教員をもっぱら労働者だけに還元できるのかが問われてくる。サラリーマン化のなかで，あらためて教職とは何かが鋭く問われるようになったのである。

　① ILO/ユネスコ「教員の地位に関する勧告」

　そのような最中に出たのが，ILO/ユネスコ「教員の地位に関する勧告」（1966年）である。「教育という仕事（teaching）は専門職とみなされるべきである」（第6項）と提起されたのである。続けて次のように述べられている。「こ

の職業は厳しい，継続的な研究を経て獲得され，維持される専門的知識および特別な技術を教員に要求する公共的業務の一種である。また，責任をもたされた生徒の教育および福祉に対して，個人的および共同の責任感を要求するものである」。

このように，教職は，それに就く教員が専門的な教育上の知識や技術の研究をたえず行い，そこで得られた知識と技術をもって子どもの教育と福祉に責任をもってたずさわる**公共性**をもった専門職なのである。

しかも，この勧告で重要なのは，教職の専門性を担保するために**教員の自律性**を求めていることである。具体的には，職務遂行のための「学問の自由」（第61項）と「教員の自由」（第63項）を保障している。まず前者の「学問の自由」については，次のように述べられている。

> 教育職は専門職としての職務の遂行にあたって学問上の自由を享受すべきである。教員は生徒に最も適した教材および方法を判断するための格別に資格を認められたものであるから，承認された計画の枠内で，教育当局の援助を受けて教材の選択と採用，教科書の選択，教育方法の採用などについて不可欠な役割を与えられるべきである。

後者の「教員の自由」については，こう述べられている。「一切の視学，あるいは監督制度は，教員がその職業上の任務を果たすのを励まし，援助するように計画されるものでなければならず，教員の自由，創造性，責任感をそこなうようなものであってはならない」。

もう1つこの勧告で重要なのは，「参加」が強調されていることである。たとえば，「教員と教員団体は，新しい課程，新しい教科書，新しい教具の開発に参加しなければならない」（第62項）とされ，「教員の社会的および公的生活への参加は，教員の人間的発達における利益，教育事業の利益および社会全体の利益という観点から，奨励されなければならない」（第79項）とされていることである。

このようにこの勧告は，専門性，公共性，自律性を柱として教員の地位の確

保を主要なテーマとしていたが，社会のなかで果たす教員の役割についてはあまり論じられていなかった。

　②ILO/ユネスコ「教員の役割と地位に関する勧告」

　その後，世界は大きく変わってきた。とくに東西冷戦の終結後に急速に進みんできたグローバル化や新自由主義経済政策による教育の市場化，知識基盤社会の到来などは，教育と教員のあり方に，善かれ悪しかれ変革を迫ることになった。また地球の生態系の悪化を前にして，持続可能な開発に向けての教育が求められてもいる。

　勧告から30年後の1996年に，ILO/ユネスコはこの間の大きな社会的・文化的変化をふまえて，序文と9つの勧告からなる，いわゆる**「教員の役割と地位に関する勧告」**を出す。9つの勧告とは，「教員の採用―最も有能な若者を教育に惹き付けること」「教員養成―教員養成と専門職活動の要求とのよりよい結びつき」「現職研修―全教育職の権利と義務」「教育変革過程への教員と他の担い手の参加―自律と応答責任」「新情報・コミュニケーションテクノロジー―万人のための教育の質を改善するのに役立つもの」「教員の地位と労働条件を改善するための戦略としての専門職化」「困難な状況下で働いている教員との連帯」「地域・国際上の協力―教員の可動性と能力（competence）を促進するための手段」である。

　その序文では，この間の変化が次のように描かれている。

　グローバル化（……），コミュニケーション・メディアの革命，日常生活と労働生活へのコンピュータ化の大規模な到来は，教育システムへの挑戦でもあり機会でもある。同時に，多くの社会と教育システムは社会的統合の重大な問題―（……）エスニック間の紛争と暴力，特に若者の間での失業の増大，道徳的価値の低下，子どもの社会化における家族紐帯の役割におけるガイドラインの弱体化と諸変化―を経験している。（序文2）

　この変化に対応するために，教員には以下のことが期待されている。①「自分自身を開発し，学校を現代化することに参加し，学校が変化をもっと先取り

し受容するものにさせるための能力（capacity）を証明すること」，②子どもの「学習をファシリテートする」だけではなく，子どもの**市民性（citizenship）の訓練**」「社会への能動的な統合」を促進し，「好奇心，批判的思考と創造性，イニシアティブと自己決定」を発達させること，③さまざまな情報供給者と社会化機関の役割が増大するなかで，「学習者がこの大量の情報とさまざまな価値のなかで自分の方向を獲得することができる，そうした道徳的および教育（訓育）的な指導の役割を引き受ける」こと（序文3）。

　つまり，教師は自分自身を開発して学校が現代の要求に応えられるようにし，子どもの学習を支援するなかで，子どもの市民性や批判的思考，創造性を促進し，子どもが大量の情報と価値のなかで自分の方向性を獲得させることが求められている。

　さらに，今日，「さまざまなパートナーによって提供され，共通の教育目標に向けられた教育的諸活動のコーディネーターとしての機能を行使すること」が学校や教員に求められている。教員には「コミュニティにおける変化の効果的な担い手」の役割が期待されているのである（序文3）。

　また，1966年の勧告以来の経験をふまえて，この勧告では，その目的を達成するには教員の「政治的関与」と「専門的な能力（competences）」の両者がともに必要なこと，および体系的なアプローチの必要性が，その基礎に据えられている（序文5）。

　「政治的関与」に関しては，勧告4「教育変革過程への教員と他の担い手の参加―自律と応答責任」でその具体的内容が示されている。それは，次の4つである。

①「教員の地位に関する勧告」に一致し，家族，親の団体，企業，雇用者，労働者組織，メディア，倫理的・宗教的諸機関および学者共同体と歩調を合わせて，教員およびその組織との，相談，連携および対話を通じて，教育の目的と改革の方向を定めること，しかしこの相談や連携はプロジェクトや改革の実施段階に限定されず，それらの改革の計画，開始，フォローアップや評価にも関わること。

> ②教育機関に十分な自律を与えて，教育機関が教育と学習の方法，教育活動の組織化，およびその結果の評価システムの実行に関して決定できるようにすること（……）。
> ③個人や機関に対して，教育革新を促進する措置を提案し実行すること。
> ④教員の参加を強化する過程に，研修，備品および職業サポートサービスのための適切な措置を伴わせること。

　後者の「専門的能力」は，教員養成や現職研修，高度な当初の教員養成の実施や生涯にわたる専門的＝職業的発達のなかで形成されるとしている。そしてこうした「政治的関与」と「専門的能力」の両者を促進するためには，９つの勧告を統合的に考慮する体系的アプローチが必要であるという。

　また，勧告２では，教員養成をいっそう改善するための措置として，①伝える知識の習得とこの知識に適切な教授／学習方法の習得との結合，②教員養成での教育実習の役割の強化，③教員の不可欠な役割の遂行のための基礎スキルの発達，④とりわけ不利益を受けるグループ（身体的，社会経済的，および地理的に）や支配的な文化と異なる文化出自をもつ生徒に，学習の成功を励ます態度を教員の間に培うこと，⑤質量ともに，さまざまなエスニックおよび文化グループ，特別な教育ニーズをもつ者，極貧に生きている人々あるいは紛争の影響を被った人々のニーズを満たすことができる教員養成があげられている。

　ことに，③では教員の不可欠な役割として，知識になるような仕方での情報のアレンジ，選択，批判的能力の開発，文化の伝達，個人的・社会的関係づくり，外向性，共同生活を好むこと，差異と共通の価値の意識の向上があげられている。また，「基礎スキル」としては，現職教育のスキル，チームワークのスキル，革新と実験のスキルと並んで，「他者，人権，平和及び民主主義の尊重」「文化的多様性」「自然の尊重」があげられているのも重要である。

　このように，今日教職の専門性は，社会のグローバル化，メディア社会化，コンピュータ社会化のもとで，また社会的統合の危機のもとで，多様かつ高度化してきている。したがって，第一に，教員は保障された参加と自律性をもとに，その専門的能力を強化して，さまざまな教育活動のコーディネーターの機

能を担う必要がある。第二に，教員は，教育・授業のスキルやチームワークのスキルだけではなく，さまざまな社会的弱者の配慮のもとで，他者，人権，平和および民主主義，文化的多様性，自然を尊重することを身につけなければならない。こうした専門職性を，ウィッティ（Whitty. Geoff）にならって「民主的専門職性」と呼んでおこう。

第3節　SDGs 時代に求められる教員の役割と資質・能力

　これまでの議論をふまえて，日本の状況に立ち戻って考えてみよう。今日の日本では，新自由主義経済政策の下で教育が市場化され教育が商品化されるにつれて，子ども・保護者はただ教育の消費者（顧客）とされ，教育はただパッケージ化されたカリキュラムを子どもに提供する仕事と化していく危険にさらされている。いわゆる教職の「サービス・デリバリー化」が進行していくおそれがあるのである。この「サービス・デリバリー化」を強く後押ししているのが，PDCA サイクルによる教育の効率化と「技術的合理性」である。技術的合理性に基づいて，教員の教育内容や教育方法，専門的知識と技能，価値や信念などが画一的にスタンダード化されるのである。

　実際，各地の学校では，授業スタンダードや学力スタンダードがつくられ，授業の規格化・標準化が進められている。このことは，教員からその専門的裁量と自律した判断を奪うことを意味している。ユネスコの勧告にあるように，教職の専門性・自律性・公共性・参加性という柱で教員の専門的能力の育成が考えられているのに，今日ではこうした規格化のもとで，しかも日本の教員の場合にはさらに長時間労働が加わって，教職の「非専門職化」「脱専門職化」といった，専門職化に逆行する現象が起きている。

　その一方では，激増する親による児童虐待，子どものいじめや不登校，さまざまな発達障害の子ども，LGBT の子どもへの対応のみならず，親や地域への対応など，学校と教員にはますます大きな役割と期待が寄せられている。さらには，今日グローバル化，社会的メディアの急速な発達，地球環境の破壊，紛争と暴力の激化などをはじめとした世界と社会のなかで，教員には地球的な

規模で自然と社会の問題を考えることが求められている。

　こうした状況のなかで，あらためて今日の教員に求められる役割とそれに必要な資質・能力を考える必要がある。

（1）今日求められる教員の役割

　今日，教員はさまざまな矛盾をかかえている。先ほどみたように，さまざまな子どもの行動に対応して教員は柔軟に授業に臨まなければならないのに，授業や授業方法が画一化されている。規格化された学習内容を規格化された方法で教育せざるをえない。その結果，学習指導要領に書かれているとおりに，また管理職に言われたとおりに教えることが教育であり，子どもはそれを言われたとおりに学べばよい，それが学習だと教員も子どもも思いかねない。また管理の強化のもとで，上から押し付けられる改革に受動的に対応せざるをえない。こうなると，教員の視野から「子どもたち」が消え去ってしまいかねない。

　こうした学校教育のあり方に少しでも抗いながら，自律した専門職としてあるためには，少なくとも次のような役割を果たすことが，今日教員には求められる。

　第一の役割は，「学び（学習）のファシリテーター」という教員の役割である。ただし，このこと自体は大事だとしても，その学習の内実とありようを問う必要がある。それは，言い換えれば，今日の学び（学習）を一度相対化する必要があるということである。

　まず今日の学習は，たいていの場合急速に変化しつつある社会へ適応し問題解決するための知識，スキルなどを身につけることとされている。つまり，ここでの学習は，子どもがいかに既存の世界と社会に適応するかという，そうした知識に限定されかねない。つぎに，基礎学力をつける際などに，既存の知識と一定の手続きを言われたとおりに学ぶこと（「訓練」）が学習だとされかねない。

　しかし，こうした学習を支援しても，それで子どもが学習の真の「主体」と

して立ち現われてくるわけではない。「主体」として立ち現れるには，子ども
と知識，そのもととなる世界とのでき上がった既成の関係を揺さぶる必要があ
るし，教員には，この関係を相対化していく役割がある。つまり，教員は子ど
もの学習内容を討論や対話をとおして相対化し，別の側面の可能性もあること
を提供する〈文化的他者〉としての役割を果たす必要がある。こうした「揺さ
ぶり」をとおしてはじめて，子どもは学習主体として「好奇心，批判的思考と
創造性」を育むのである。

　第二の役割は，子どもがさまざまな他者と多様な関係を結ぶことを促進する
役割である。これは，子どもが他者とその人権を尊重し，多様な他者（多様な
ジェンダー，LGBT，異なる文化をもつ者，障害者や貧困者など）と，ちがいを認
めつつ関係を結びケアしあうことを励ますという役割といってよい。教員に
は，こうした関係づくりをとおして，子どもたちに「市民性（シティズンシッ
プ）」を育てることが求められている。

　今日，世界が経済的にも文化的にもグローバル化するなかで，社会がかかえ
るさまざまな課題もグローバル化しており，一国では解決できず，世界が共同
して解決していかねばならない課題を多く含んでいる。それらの課題として
は，環境問題，紛争，難民問題，移民問題，女性問題，飢饉などがある。そこ
で第三の役割は，これらの課題に子どもと一緒に取り組むなかで，教員は，子
どもを，グローバルな視点でこれらの問題を考え，取り組んでいくことのでき
る市民，すなわち，「地球市民（グローバル・シティズン）」へと育てていかな
ければならない役割がある。これは，2017年版学習指導要領にいう「持続可能
な社会の担い手を創る」ことでもある。しかも，このことは，「持続可能な開
発のための2030アジェンダ」において示されたSDGs目標4.7に沿うものであ
る。そこでは以下のように述べられている。

　2030年までに，持続可能な開発のための教育および持続可能なライフスタイ
ル，人権，男女の平等，平和及び非暴力的文化の推進，グローバル・シチズン
シップ，文化多様性と文化の持続可能な開発への貢献の理解の教育をとおして，
すべての学習者が，持続可能な開発を促進するために必要な知識および技能を

> 習得できるようにする。

　以上のような役割が教員に課せられているとすれば，今日教員は以前にもまして，子どもの成長と発達の理解，教育方法だけにとどまらず，一人の市民，地球市民としても，多様な人々とかれらがもつ文化や，今日の社会と世界に起こっている問題について，常に謙虚に学び続け生涯にわたって発達していくことが求められるであろう。

（2）今日求められる教員の資質・能力（コンピテンシー）

　以上の教員の今日的役割に対応して，教員には以下の資質・能力が求められるだろう。

　1つは，民主的専門職としての職務から必然的に求められる資質・能力である。ここには次のような資質・能力が入るであろう。①社会のなかで生きている子どもの状況を理解し共感できる資質・能力，②そこで生きている子どもの成長と発達を理解する資質・能力，③教科指導と生活指導に必要な知識，技能などである。

　2つ目は，今日の子どもたちが急速に変化し予測しがたい世界のなかで生きている現実から求められる教員の資質・能力である。この予測しがたい世界のでは，子どもたちは「与えられた課題を効率的に解決する」ことにとどまらず，「他者と協働して新たに生じる課題をつきとめ，それらを解決し，新たな価値を創り上げていく」といった資質・能力を必要としている（「倉敷宣言」9）。教員自身も，こうした子どもに求められる資質・能力に対応した資質・能力を自ら育む必要がある。具体的には，①他者と関係を結び協働することができる資質・能力，②課題を探究し解決する資質・能力，③社会の変化に対応していくことができるための知識とスキルなどが，ここに入るであろう。

　最後に，地球的な規模の課題に取り組み，子どもたちを地球市民として育成するためにも，教員には，地球的規模で地球的視野にたって考え行動することのできる資質・能力が求められる。そこには，地球環境問題，国家間の関係

（平和，紛争の解決），多様な民族とその宗教・文化に関する理解，それらの多様な人々の人権を尊重し寛容な態度で接することができる資質・能力（広い意味での人間性）などが入るであろう。

　このように，教員は，たえまなく変化し，さまざまな課題にさらされている世界のなかで，生涯にわたって継続的に学び続け（研修），そこで獲得された専門的知識と技術をたえず更新するとともに，ほかの教員と連携・協働しながら，子どもの教育に向き合い，そこで子どもたちと喜びも苦しみも分かち合う。教職は厳しさと喜びを併せもった専門職といっていいであろう。

|演習問題|
① 教職観の歴史から，今日求められる教員像を議論し考えてみよう。
② ユネスコの 2 つの勧告から教職の専門性に必要となる資質・能力を考えてみよう。

引用・参考文献

ビースタ，ガート／上野正道監訳『教えることの再発見』東京大学出版会，2018年

船寄俊雄編著『論集現代日本の教育史 2　教員養成・教師論』日本図書センター，2014年

G 7 倉敷教育大臣会合「倉敷宣言」2016年，http://www.mext.go.jp/component/a_menu/other/detail/__icsFiles/afieldfile/2016/06/17/1370953_1_1.pdf#search = %27%E5%80%89%E6%95%B7%E5%AE%A3%E8%A8%80%27（2019年 2 月25日確認）

ハーグリーブス，アンディ／木村優・篠原岳司・秋田喜代美監訳『知識社会の学校と社会—不安定な時代における教育』金子書房，2015年。

International Conference on Education, 45th session: final report 1996, https://unesdoc.unesco.org/ark:/48223/pf0000110168（2019年 2 月26日確認）

ILO／ユネスコ「教員の地位に関する勧告」1966年：ILO/UNESCO, Recommendation concerning the Status of Teachers 1966. http://www.unesco.org/education/pdf/TEACHE_E.PDF（2019年 2 月27日確認）

国際連合「我々の世界を変革する：持続可能な開発のための2030 アジェンダ」https://www.mofa.go.jp/mofaj/files/000101402.pdf（2019年 1 月25日確認）

文部科学省「魅力ある教員を求めて」http://www.mext.go.jp/a_menu/shotou/miryoku/__icsFiles/afieldfile/2016/11/18/1222327_001.pdf.（2019年 2 月25日確認）

佐藤学『教師というアポリア—反省的実践へ』世織書房，1997年

寺崎弘昭「近代学校の歴史的特異性と〈教育〉」堀尾輝久他編『講座学校 1 —学校とは何か』柏書房，1995年

ウィッティー，ジェフ／堀尾輝久・久冨善之監訳『教育改革の社会学』東京大学出版会，2004年

コ ラ ム　教師を主人公としたマンガ・映画

連休前に「教職概論」の授業の課題としていつも，「マンガやテレビドラマでも映画でも本でいいから，（広い意味で）教育にかかわるものを読んだり観たりしたものについて書いてきなさい」という課題を出す。

そうすると，学生たちが書いてくるものには，たいていは熱血教師ものが多い。藤沢とおるのマンガやそれをもとにテレビドラマ化した『GTO』や，やはり森本梢子のマンガ『ごくせん』をテレビドラマ化した仲間由紀恵主演の『ごくせん』，森田まさのりの人気マンガ『Rookies』などだ。いずれも，いざというときには真剣に生徒と真っ向から向き合ってくれる熱血教師だ。

いっぽう，授業で「これまで教わった教師で，どんな教師がよかったか」というアンケートをとってみると，かれらが望む共通した教師像は，「ときには親身になって一緒に悩み考えてくれるし，ときにはきちんと叱ってくれる教師」だ。まあ，学生にとってはきわめて都合のいい教師だ。

でも，どうして熱血教師や親身になって向き合ってくれる母親のような教師が学生から望まれるのだろうか。

1つには，今日の家庭問題があることはたしかだ。学生たちと話すと，父親も母親もきちんと子どもに向き合っていないことがうかがえる。一方には殴って言うことを

きかせる親がいるかと思えば，もう一方ではきちんと叱ることをしていない母親がいたりする。どうも学生たちは，その代理となる者を教師像に投影しているのではないだろうか。

2つ目には，今日の学校の教師のほうも，今日の教師バッシングもあって，保護者に遠慮して，子どもにきちんと向き合っていない（向き合うことができない）状況にあることも関係しているのだろう。授業スタンダードや学校スタンダード，ゼロトレランスが流行ればはやるほど，ますます多くの教師は子どもときちんと向き合うことができなくなってくるだろう。

そうだとすれば，子どもたちはいったいどこで，自分に向き合って，自分の声を聴いてくれる《大人》に出会えるのだろうか。そういう《大人》に出会えないとなれば，二次元の世界にそういう大人を求めざるをえないだろう。あるいは，ときには何らかの目当てで自分に言い寄ってくる「やさしい」オジサンに騙されることになるだろう。

こう考えてくると，今日の日本では，大人の側にこそ《大人》になるという課題がある。それは異なる他者とも人間として接し，その人の人格を尊重することができる《市民》だ。この課題が教師にも強く求められている。

第 3 章
教育課程

　教育課程とは，教育目標・目的を実現するため，その目標・目的に従って教育内容などを選択し，配列した教育計画のことである。カリキュラムの訳語であり，とくに学校教育で使用されてきた。日本において教育課程に関する事項は，国（文部科学大臣）が定め，各教育委員会の管理・執行の下，各学校が編成するものとされ，編成時の大綱的基準として学習指導要領が用意されている。とはいえ，教育課程の編成権は学校にあることをふまえるならば，校長の責任の下，目の前の子どもを見据えながら，全教員がその編成にたずさわるのが望ましい。

　教育課程編成原理には，大きく分けると，学問の系統に従って編成されるべきという**系統主義**と，子どもの経験に依拠しようとする**経験主義**という2つの考え方がある。この両者の対立に対して，現在，社会からの要請に基づき，「持続可能な社会」づくりという新たな編成原理が加わろうとしている。学習指導要領前文では，子どもたちを「持続可能な社会の創り手となることができるようにする…ために必要な教育の在り方を具現化するのが，各学校において教育の内容等を組織的かつ計画的に組み立てた教育課程である」としている。

　本章では，まず教育課程（カリキュラム）の必要性とその重要性，教育課程編成の基準となる学習指導要領などとその歴史的変遷について概観する。そのうえで，2017・18年学習指導要領について検討し，「持続可能な社会」とその担い手・創り手に求められる**資質・能力**について，そして，その担い手・創り手を育成するための教育課程の編成方法などについて考える。

著者紹介

鈴木　隆弘（高千穂大学人間科学部教授）
1974年生まれ。東京学芸大学大学院連合学校教育学研究科単位取得満期退学。清和大学専任講師，高千穂大学人間科学部准教授を経て現職。ホームレス問題の授業づくり全国ネット理事，NPO法人開発教育協会会員。『18歳までに育てたい力―社会科で育む「政治的教養」』（共編著）学文社，2017年

第1節　教育課程の必要性

　これまでの人生のなかで，私たちはどれぐらいの時間，学校のなかで過ごしてきたのだろうか。もちろん部活動など参加する／しないといった差や，全日制／定時制などによるちがいもあるため，一概に断定することはできない。よって，ここでは仮に1日を6時間，1週間を5日，1年を35週とする。この場合1年間でおおよそ1050時間程度の時間を学校で過ごしたこととなる。今，あなたが小中高を12年で卒業したと仮定すると，おおよそ1万2600時間以上の時を学校で過ごしたこととなる。これは約525日分に相当する。

　つまり，今大学や短大でこのテキストを開いているあなたは，およそ1年と半年間以上もの間，学校で生活してきたことになる。この時間を長いと思う人も，あっという間だったという人もいるだろうが，では，この1年と半年の間に，あなたはどれだけのことを学んできたのだろうか。

　今，あなたは，この文章を読むことができている。このことはつまり，この文章を読むことができるだけの能力をあなたは身につけてきたということである。それだけではない。英語で簡単なコミュニケーションを取ることができる。「3割引き」と聞けば，定価を把握することができる。源頼朝という人物の名前を知っているし，跳び箱を跳ぶことができる。ここであなたができることすべてをあげることはできない。なぜなら，あまりにも膨大なことが「できる」からだ。しかし，これから学んでほしいことは「学校では，1年と半年の時間だけで，一定の**資質・能力**を身につけさせることに成功している」という事実である。「日本の学校に約12年間通えば，だいたいの人は跳び箱を跳べるようになる」という事実こそが重要なのだ。

　これら「できる」ことすべてを自力で身につけようとすると莫大な時間がかかることはいうまでもない。それを約1年と半年の時間だけで学ぶとするならば，より大変なのは容易に想像がつくだろう。約525日の学習だけでこれらのことを身につける，あるいは身につけさせるためには，組織的かつ計画的に教育が実施されなければむずかしい。だからこそ**教育課程**が必要かつ重要なのだ。

（1）教育課程とカリキュラム

教育課程とは，「学校教育の目的や目標を達成するために，教育の内容を児童の心身の発達に応じ，授業時数との関連において総合的に組織した各学校の教育計画[1]」のことをいう。時間には限りがあるし，学習者である子どもの能力を超えた内容を教えることはむずかしい。さらに教育目標・目的など，これらを勘案し，学校において総合的に計画された教育プログラムのことを**教育課程**というのである。

いっぽう，教育学の世界では，教育課程のことを「**カリキュラム**」と呼ぶ。カリキュラムとは「ある目的に沿って教育内容や学習内容を決定し，計画的に編成したもの」のことであり，もともとラテン語の馬車の「走るコース」（currere）に由来する言葉である。カリキュラムという言葉自体は，学校教育に限定されないが，学校の場合だと，走るのは「学習者」である児童生徒，走らせるのは先生ということになるだろうか。

（2）系統主義と経験主義

では，この「走るコース」はどのように決めるとよいのだろう。また，誰が決めるべきなのだろうか。

「走るコース」の決定の仕方を学ぶために，誰もが跳んだことがある「跳び箱」を例に考えてみよう。今，突然「跳び箱を跳べ」といわれたあなた。果たして，何段の跳び箱が頭に浮かんだだろうか。体育が得意だった人なら10段かもしれない。もしかするとテレビ番組での記録24段が浮かんだ人もいるかも知れないが，学校において，標準的な身体能力をもつ子どもが跳ぶべき高さはいったい何段だろう。そして，その跳ぶべき高さの跳び箱を跳べるようにするためには，いったい何段の跳び箱から始めるべきだろうか。

学校では，児童にとって適切な高さの跳び箱を用意し，実際に飛ばせることで，跳び箱などを跳ぶ能力を身につけさせている。これが先に述べた教育課程の定義「教育の内容を児童の心身の発達に応じ」の部分に相当するものである。そして，さらに高い跳び箱を跳ばし，さらなる身体能力を育てている。

　しかし，ここで考えてみよう。なぜ，跳び箱を跳ぶのか。日常生活で，あんなモノを跳ぶ機会などまずないのだから。

　このとき，**カリキュラム（教育課程）**編成の際の考え方にちがいが現れるのである。「どんな子どもでも跳躍する能力を身につける必要がある」と考え，「教師の側が飛び越える課題を設定するべき」だという編成原理と，「子どもにとって生活するうえで必要な能力を身につけるべきだ」と考え，「子どもにとって興味がある，やりたい課題を自ら見つけ，自ら設定する」という編成原理である。前者のような「前提となる知識などを学問などの系統に従ってあらかじめ設定し，その系統を重視して，教授する側が子どもの発達段階などに従って内容を配列し，教えよう」という考え方を**系統主義**という。後者のように「子どもの興味・関心に従って，子ども自らの経験に基づき，問題や課題を設定し解決させよう」，あるいは「子どもが学習する内容を子ども自ら設定させて体験させよう」とする考え方を**経験主義**という。後者，経験主義であれば，跳び箱を跳ばせるのではなく，野外活動の際などを生かし，実際の岩や倒木などの障害物を跳ばすことで，子どもの跳躍力を育てようとするだろう。

　この2つのカリキュラム（教育課程）設定における考え方のちがいは，長年教育学における大きな論争点になってきた。第2節（4）学習指導要領の変遷において詳述するが，この両者，系統主義と経験主義の間を振り子のように揺れ動いてきたのが日本の教育であるともいえる。経験主義に基づいた戦後直後の教育では，たとえば，お店屋さんに行く必要が生じた段階で，「おつりの計算」から計算を学んでいた。しかし，おつりの計算段階でとどまっていては，大人になるにつれ困る事態に直面するかもしれない。この結果，「今の子どもは計算もできない」という批判が高まり，系統主義へと教育課程は揺れ動いた。しかし，今度は，高度な数学を学ぶよう求められた子どもたちから「なぜこんなむずかしい，日常では使わない学問をしなくてはならないのか」という，学ぶ意味を問う声が生まれてきた。そして，再び，経験主義へとシフトしていく。

　実際の授業においては，子どもの興味も学問もともに大切なものであり，

その双方をふまえる必要があるが，教育課程の計画段階では，そのどちらを重視するかで対立が生まれるのだ。

第2節　学習指導要領とは

（1）教育課程は誰が決めるのか

教育課程は，各学校が編成するものとされている。

しかし，その内容などすべてを各学校が決定すると，学ぶ内容が地域や学校ごとに異なることになり，混乱が生じる。そこで，日本では，教育課程編成の基準を国（文部科学大臣）が定めている（下線は筆者）。

【学校教育法】
第二十五条　幼稚園の教育課程その他の保育内容に関する事項は，第二十二条及び第二十三条の規定に従い，文部科学大臣が定める。
第三十三条　小学校の教育課程に関する事項は，第二十九条及び第三十条の規定に従い，文部科学大臣が定める。
第七十七条　特別支援学校の幼稚部の教育課程その他の保育内容，小学部及び中学部の教育課程又は高等部の学科及び教育課程に関する事項は，幼稚園，小学校，中学校又は高等学校に準じて，文部科学大臣が定める。
（その他，第48条：中学校，第49条の7：義務教育学校，第52条：高等学校，第68条：中等教育学校も同様。）

（2）教科・領域とその総時間数

文部科学大臣（文科省）は，この学校教育法の規定をもとに，教育課程などについてより詳しく規定する省令を定めている（学校教育法施行規則）。そこでは教育課程について以下のように定められている（下線・波線は筆者）。

【学校教育法施行規則】（小学校のみ　平成31年最終改正のもの）
第四章　小学校
第二節　教育課程
第五十条　小学校の教育課程は，国語，社会，算数，理科，生活，音楽，図画工作，家庭及び体育の各教科，特別の教科である道徳，外国語活動，総合的

> な学習の時間並びに特別活動によつて編成するものとする。
> 第五十一条　小学校の各学年における各教科，特別の教科である道徳，外国語活動，総合的な学習の時間及び特別活動の時間のそれぞれの授業時数並びに各学校におけるこれらの総授業時数は，別表第一に定める授業時数を標準とする。
> 第五十二条　小学校の教育課程については，この節に定めるもののほか，教育課程の基準としての文部科学大臣が別に公示する小学校学習指導要領によるものとする。

　まず第五十条の下線部をみてみよう。

　小学校の教育課程は，「各教科」「特別の教科道徳」「外国語活動」「総合的な学習の時間」「特別活動」によって，編成するとされている。この「　」にあたる部分のことを教育課程の領域と呼ぶ。

　表3-1のように，領域は，小学校5領域・中学校4領域・高等学校3領域で編成されている。また，特別支援学校には「自立活動」が加わり，小学部では6領域（知的障害児童の場合4領域）で編成されている。

　では，領域のうち「各教科」の中身を確認してみよう。第五十条の波線部にあるように，「各教科」は「国語，社会，算数，理科，生活，音楽，図画工作，家庭，体育」の教科から編成されると規定されている。2020年度から小学校では，ここに「外国語」が追加されるが，各学校段階における「各教科」もここで確認しておこう（表3-2）。

　また，第五十一条にあるとおり，各教科・領域およびその各学年における標準授業時間数が別表にて定められている。ここでは小学校のみあげる（表3-3）。ここまでの規定で，教育課程における領域，また各教科とその時間数までが決められていることがわかったが，では，各教科やその他領域の目標・内容などはどうなっているのだろうか。これについては，学校教育法施行規則第五十二条「教育課程については…教育課程の基準としての文部科学大臣が別に公示する…学習指導要領による」と定められている。

表 3-1　学校段階等における教育課程のちがい　〈領域〉

小学校	中学校	高等学校	特別支援学校（小）
○各教科	○各教科	○各教科	○各教科
○特別の教科道徳 ○総合的な学習の時間 ○外国語活動 ○特別活動	○特別の教科道徳 ○総合的な学習の時間 ○特別活動	○総合的な探究の時間 ○特別活動	○特別の教科道徳 （○総合的な学習の時間） （○外国語活動） ○特別活動 ○自立活動
5 領域	4 領域	3 領域	6 又は 4 領域

表 3-2　学校段階ごとの各教科　学習指導要領での規定

	教　科
小	国語，社会，算数，理科，生活，音楽，図画工作，家庭，体育，外国語
中	国語，社会，数学，理科，音楽，美術，保健体育，技術・家庭及び外国語
高校	各学科（普通科・専門科・総合学科）に共通する各教科 国語，地理歴史，公民，数学，理科，保健体育，芸術，外国語，情報，理数 主として専門学科（農業科・工業科など）において開設される各教科 農業，工業，商業，水産，家庭，看護，情報，福祉，理数，体育，音楽，美術，英語

表 3-3　学習指導要領における小学校の標準授業時間数

区　分		1 年	2 年	3 年	4 年	5 年	6 年	合計
領域	国語	306	315	245	245	175	175	1461
	社会			70	90	100	105	365
	算数	136	175	175	175	175	175	1011
	理科			90	105	105	105	405
各教科	生活	102	105					207
	音楽	68	70	60	60	50	50	358
	図画工作	68	70	60	60	50	50	358
	家庭					60	55	115
	体育	102	105	105	105	90	90	597
	外国語					70	70	140
	特別の教科道徳	34	35	35	35	35	35	209
	外国語活動			35	35			70
	総合的な学習の時間			70	70	70	70	280
	特別活動	34	35	35	35	35	35	209
総授業時数		850	910	980	1015	1015	1015	5785

（3）学習指導要領

　学習指導要領とは，これまでみてきた学校教育法施行規則に基づき定められる，各学校が教育課程を編成する際の大綱的（大まかな）基準のことである。文部科学省公示として官報に掲載され，おおむね10年に一度改訂されてきた。では，なぜ改訂されるのだろうか。

　たとえば，みなさんは地球環境問題について，どのようなことを習ってきただろうか。オゾン層の破壊について話を絞ると，オゾン O^3 の原子構造やオゾン層を破壊するメカニズムについては理科で，オゾン層の破壊がもたらす地球への影響や社会の側の対応は社会科で，環境を守る行動をする意味については「特別の教科道徳」で，環境負荷をかけない生活については家庭科や「特別活動」などで学んできたのではないだろうか。すると，「環境についてもっと教えたい」と考える人は，その内容を増やしたいと考えるだろう。内容を増やしたならば，当然教える時間についても増やさなければならない（表3－3を思い出そう）。しかし，各教科に内容が分かれているのは非効率的だとするならば，新しく「環境科」をつくるべきなのか。あるいは「総合的な学習の時間」を活用して，教科横断的に学ぶべきだろうか。

　このように，各教科・領域では，その編成から内容1つに至るまで「どのような目標に基づき，どのような内容を，いつ教えるのか」の対立が生じる。そこで日本では，おおむね10年に一度，学習指導要領を見直し，改訂を加えてきたのである。

（4）学習指導要領の変遷

　学習指導要領がどのような変遷をたどってきたのかを，表3－4でみてみよう。

　① 1947年，初めて学習指導要領が制定された。このときは，「試案」であったため，学校は学習指導要領に従う義務を負わず，全国各地でユニークな**カリキュラム**が展開された。アメリカの強い影響を受けた，子ども中心の**経験主義**であり，家庭科，そして，民主主義のための教科として社会科が設置された。

表 3 - 4　学習指導要領の変遷

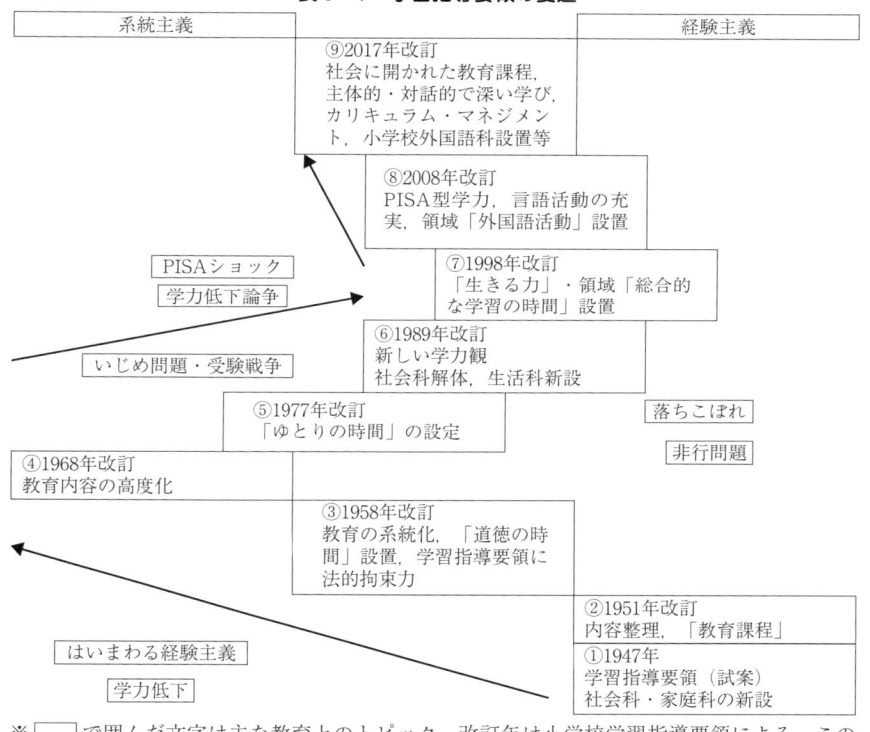

※ □ で囲んだ文字は主な教育上のトピック。改訂年は小学校学習指導要領による。この
ほか，高等学校のみ1956年にも改訂実施。一部改訂は省略した。

この社会科をカリキュラムの中心（コア）を占めるものとして，他教科・領域
の内容を社会科と関連づけて編成する，コア・カリキュラムがもてはやされ
た。

　② 1951年改訂では，教科の枠組みが整理された。また教育課程という言葉
が使用されるようになった。

　③ 1958年改訂は，前記①②の学習指導要領で生じた問題を克服しようとし
たものである。子どもの経験を中心とする教育課程に対して，算数ができな
い，漢字が書けないなどの点から「学力低下」ではないかという批判が生ま
れ，学習指導要領は，**系統主義**へと舵を切ることとなった。また，戦後の子ど
もの荒れ，社会の混乱を受けて「道徳の時間」が設置された。加えて，学習指

導要領から「試案」の文字が消され，法的拘束力をもつものとされた。この改訂から，学校が学校自らの手で一からカリキュラム（教育課程）をつくるという動きが縮小していくこととなる。

④ 1968年改訂では，さらなる**系統主義**の強化へと舵を切ることとなる。ブルーナーらに代表される世界的な「教育の現代化」という動きを受けて，教育内容の高度化が図られた。

⑤ 1977年改訂は，高度化した内容への批判を受けた改訂である。高度化した内容に対して，授業時間が不足し，詰め込み教育に陥ることとなってしまった。そのスピードと内容について行けない生徒たちは，徐々に学習をあきらめ，落ちこぼれていく。校内暴力の発生や不登校，受験競争などによる子どもたちの荒れが指摘され，それも詰め込み教育が原因とされた。「教育の人間化」が主張され，内容と授業時間数を減少させた。また，学校裁量の時間として「ゆとりの時間」が設定され，再度，**経験主義**の方向へと転換することとなる。

⑥ 1989年改訂では，個性重視の教育が進められることとなった。それまで知識・理解を重視していた評価が，思考・判断，関心・意欲・態度など高次の学習能力，態度を重視するようになった。これらはのちに「新しい学力観」と呼ばれるようになる。本改訂で設置された新教科「生活」は，活動や体験をその内容の中心とするが，このような活動・体験を重視する教育改革の方向性は現在まで拡大・継続されていくこととなる。

⑦ 1998年改訂では，「生きる力」という言葉が初めて登場する。この言葉自体は，2017年改訂の学習指導要領まで引き継がれている。

インターネットの普及は，それまでの知識観に変化をあたえた。「ネット検索をすればわかることを，わざわざ覚えておく必要があるのか」という問いである。ここから学校の役割が鋭く問われるようになった。従来のような知識を授ける機関から，社会においても生きて働く力，文科省の言葉では「生きる力」，つまり「自分で課題を見つけ，自ら学び，自ら考え，主体的に判断し，行動し，よりよく問題を解決する資質や能力など自己教育力」を育てることが叫ばれたのである。それにあわせ，領域「総合的な学習の時間」が設定される

ことなる。この時間では，「学び方を学ぶ」というメタな学習が推進されたことに加え，その学習内容がすべて学校に任されたことから，さまざまな実践が試みられた。しかし，改訂告示直後から学力低下論争が行われ，PISA（国際学力調査）の順位を日本が落としたことで，学力低下が「決定的」なものとされ，修正が図られることとなった。

　⑧ 2008年改訂は，この PISA の結果と2003年の教育基本法改正を受けたものである。新しい知識の獲得競争が国際規模で行われる「知識基盤社会」での「生きる力」は，知識や技能などの基礎・基本を確実に身につけることも求められる。加えて，PISA 調査では子どもたちの表現力が課題となったことから「言語活動の充実」がうたわれた。

第3節　新学習指導要領と持続可能な社会づくり

　では，2017年（小・中），2018年（高校）改訂の学習指導要領をみていこう。

　まず，今回の改訂においては，学力観などについては大きな変更は加えられていない。しかし，子どもたちが身につけるべきものを学力ではなく，「**資質・能力**」とし，スキルや態度も含んだものへと拡大させた。前回の2008年改訂では，学校教育法改正に従いながらも，同時に PISA 型の学力（キーコンピテンシー）にも沿うかたちへ学力観を改めたが，これがより明確になった。なお，OECD によれば，**コンピテンシー**とは，単なる知識や技能だけではなく，技能や態度を含むものであり，複雑な課題にも対応することができる力のことである。具体的には，社会・文化的，技術的ツールを相互作用的に活用する能力（個人と社会との相互関係），多様な社会グループにおける人間関係形成能力（自己と他者との相互関係），自律的に行動する能力（個人の自律性と主体性）とされる。

　これが学校教育法では，次のように定められている（下線は筆者）。

　学校教育法　第三十条　2（一部）
　生涯にわたり学習する基盤が培われるよう，基礎的な知識及び技能を習得させ

> るとともに，これらを活用して課題を解決するために必要な思考力，判断力，
> 表現力その他の能力をはぐくみ，主体的に学習に取り組む態度を養うことに，
> 特に意を用いなければならない。

　この条文を受け，学習指導要領は図3-1のように資質・能力を整理している。

　まず，「知識・技能」の上に「何を理解しているか」「何ができるか」という言葉が記載されていることに注目してほしい。

（1）社会に開かれた教育課程

　学習指導要領では，「社会に開かれた教育課程」が改訂のポイントの1つとなっている。これは，子どもたちに育成する力を，学校だけにとどめず，社会に対しても開こうという考え方である。学校が何をやっているのかを明確にし，それを社会に対しても説明する，社会に対する学校の説明責任を果たす学習指導要領（教育課程）とすることがめざされている。

　ここから，学習指導要領では，これまでの記述の仕方を改め，「何のために学ぶのか」を明確にしつつ，「何を理解しているか」（知識）・「何ができるか」（技能），知識・技能を「どう使うか」（思考力・判断力・表現力等）を明確にし，

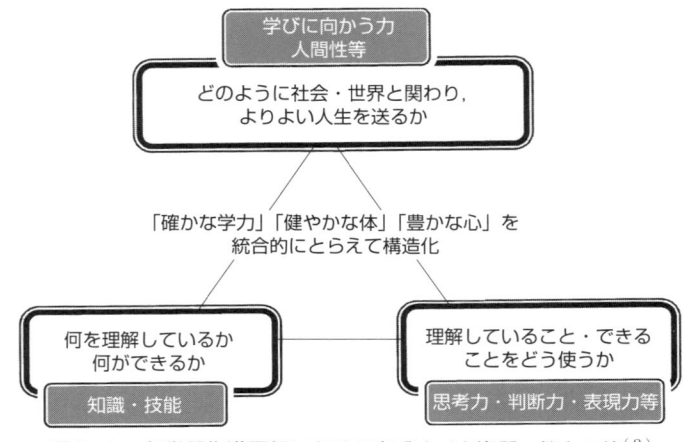

図3-1　新学習指導要領における育成すべき資質・能力の柱[2]

さらに「どのように社会・世界とかかわり」子どもたちが「よりよい人生」を
切り拓いていくか（学びに向かう力・人間性等）として示されている。

（2）主体的・対話的で深い学び

　また，とくに思考力・判断力・表現力などを育成，つまり**知識・技能**をもと
にして考えたことを深めたりするために，授業における対話などが重視されて
いる。NPO などの人を学校に呼び（これ自体も「社会に開かれた教育課程」の実
践でもある）対話することで，自分の考えを広めたり，友人と話し合うこと
で，自分の考えをブラッシュアップしたりすることがめざされている（詳しく
は第4章を参照）。

　また，これに従って，すべての教科・領域において，各教科・領域に応じた
「見方・考え方」が示されるようになった。各教科・領域特有の「視点で物事
を捉え，どのような考え方で思考するのか」が示されるようになっている。

　2008年改訂で示された「習得・活用・探究」という学習過程も踏襲され，**知
識・技能**の習得段階，思考・判断し，それを表現する活用段階，そしてそれら
全ての資質・能力を駆使し，まとめあげる探究段階と整理されている。この3
つの学習過程を通じて，見方・考え方が鍛え上げられるとしているのである。
なお，これを受け，2017・18年改訂では，高等学校段階における領域「総合的
な学習の時間」の呼び方が，「**総合的な探究の時間**」へと変更されている。

（3）持続可能な社会づくりと子どもたち

　これまで述べてきた（1）（2）の意義について学習指導要領解説では，次
のように述べている。「**予測が困難な時代**」の「学校教育には，子供たちが
様々な変化に積極的に向き合い，他者と協働して課題を解決していくことや，
様々な情報を見極め知識の概念的な理解を実現し情報を再構成するなどして新
たな価値につなげていくこと，複雑な状況変化の中で目的を再構築することが
できるようにすること」。さらに，子どもたちに対しては，「<u>一人一人が持続可
能な社会の担い手</u>として，その多様性を原動力とし，質的な豊かさを伴った個

人と社会の成長につながる新たな価値を生み出していくことが期待される[3]」（下線は筆者）と述べている。さらに「これからの学校には，急速な社会の変化の中で，一人一人の児童が自分のよさや可能性を認識できる自己肯定感を育むなど，持続可能な社会の創り手となることができるようにすることが求められる[4]」（下線は筆者）とされており，大きな転換が生じていることがわかる。

　2008年改訂においても，学習指導要領上「持続可能な社会」と明記はされていた。しかし，子どもたち「一人一人が持続可能な社会の担い手」・「創り手」になるという究極目標が示されたことは，教育課程上においても大きな転換となる。

　改めて確認しよう。学習指導要領における，教育課程の目的と身につけるべき**資質・能力**は，以下のとおりである。下線部分を確認しながら読んでみよう。学習指導要領における教育課程が果たす役割がみえてくる（下線は筆者）。

【小学校学習指導要領】〈下線筆者〉
第1章　総則　第1　小学校教育の基本と教育課程の役割
3　（略）豊かな創造性を備え持続可能な社会の創り手となることが期待される児童に，生きる力を育むことを目指すに当たっては，学校教育全体並びに各教科，道徳科，外国語活動，総合的な学習の時間及び特別活動の指導を通してどのような**資質・能力**の育成を目指すのかを明確にしながら，教育活動の充実を図るものとする。その際，児童の発達の段階や特性等を踏まえつつ，次に掲げることが偏りなく実現できるようにするものとする。
（1）知識及び技能が習得されるようにすること。
（2）思考力，判断力，表現力等を育成すること。
（3）学びに向かう力・人間性等を涵養すること。

第4節　持続可能な社会づくりに向けた教育課程

（1）学習指導要領上の「持続可能な社会」

　では，教育課程上「持続可能な社会」はどのように扱われているのだろうか。学習指導要領の中身を確認してみよう（表3-5）。

　たとえば，小学校家庭科では，「持続可能な社会」についての学習が記載され，その実現に必要な**資質・能力**が以下のように明記されている。

表3-5　「持続可能」という文言を内容に含む教科・領域

学校段階	教科・領域
小学校	家庭
中学校	社会，技術・家庭，理科，特別の教科道徳
高等学校	地理・歴史，公民，理科，保健体育，家庭，農業，工業，商業，水産，家庭（専門学科の教科），福祉

小学校学習指導要領　第8節　家庭　第2　各学年の内容
1　内容
　C　消費生活・環境
　次の(1)及び(2)の項目について，課題をもって，持続可能な社会の構築に向けて身近な消費生活と環境を考え，工夫する活動を通して，次の事項を身に付けることができるよう指導する。
　(1) 物や金銭の使い方と買物
　　ア　次のような知識及び技能を身に付けること。
　　（ア）　買物の仕組みや消費者の役割が分かり，物や金銭の大切さと計画的な使い方について理解すること。
　　イ　身近な物の選び方，買い方を理解し，購入するために必要な情報の収集・整理が適切にできること。
　　（イ）　購入に必要な情報を活用し，身近な物の選び方，買い方を考え，工夫すること。
　(2) 環境に配慮した生活
　　ア　自分の生活と身近な環境との関わりや環境に配慮した物の使い方などについて理解すること。
　　イ　環境に配慮した生活について物の使い方などを考え，工夫すること。

　ここでは，「持続可能な社会の構築に向けて」，消費生活と環境について考えること，その際，環境に配慮した買い物ができるようにすることが求められていることがわかる。

（2）SDGs と教育課程

　表3-5をみればわかるとおり，「持続可能な社会」について直接規定されている教科・領域は，学校段階が上昇するにつれて増加する。しかし，「持続可能な社会」が明記されていないからといって，関係がないとは言い切れない。

SDGs のターゲット4.6と4.7を確認しよう。

> 4.6　2030年までに，すべての若者及び大多数（男女ともに）の成人が，読み書き能力及び基本的計算能力を身に付けられるようにする。
> 4.7　2030年までに，持続可能な開発のための教育及び持続可能なライフスタイル，人権，男女の平等，平和及び非暴力的文化の推進，グローバル・シチズンシップ，文化多様性と文化の持続可能な開発への貢献の理解の教育を通して，すべての学習者が，持続可能な開発を促進するために必要な知識及び技能を習得できるようにする。

　4.6にある，読み書き能力や基本的計算能力は，小・中学校の国語や小学校の算数，中学校数学で身につける**資質・能力**であることはいうまでもない。つぎに，4.7では，すべての学校に通う子どもたちは，「持続可能な開発を促進するために必要な知識及び技能を習得」することが求められていることがわかる。その際の学習内容および方法は「持続可能なライフスタイル，人権，男女の平等，平和及び非暴力的文化の推進」などの理解の教育であることがわかる。

　このターゲット4.6と4.7をふまえると，確かにこれまでの教育課程のままでも「読み書き能力や基本的計算能力」は，すでに存在する教科で学べる。しかし，「持続可能なライフスタイル」の一部については家庭科で，「人権」や「平和」「グローバル・シティズンシップ」や「文化的多様性」の一部については社会科などで学習するであろうことは理解できるが，ではその学習内容全体については，いつ，どこで，どのように学べばよいのだろうか。そして，これらは，どの教科・領域で学ぶべきなのだろうか。

（3）カリキュラム・マネジメント

　これまでの教育課程の枠組みは，**経験主義の子ども中心カリキュラム**時代においても，学問の系統に従った「教科」に縛られたものであった。第2節（3）でも例にあげたとおり，環境については教科枠組みの制約を受けていたし，「総合的な学習の時間」でも，知識・能力・態度の統合がめざされていた

が，「持続可能な社会」づくりの資質・能力育成の点で十分とはいえなかった。

そこで学習指導要領は，**カリキュラム・マネジメント**を行うよう求めている。たとえば，「文化的多様性」について学ぶとする。海外にルーツをもつ児童とのふれあいなら，「特別の教科道徳」で学ぶことができる。そこで，教科・領域（スコープ）と発達段階（シークエンス）をふまえて編成を行う従来の教育課程の枠ぐるみを超え，持続可能な社会において求められる**資質・能力**を育成する領域を新たに設定し，その内容同士を教える時期を近づけ，関連させる。これまでであれば教科・領域の枠組みにとらわれて，バラバラにされていた「環境」などに関する学習を，教科・領域と発達段階を超えて再度構成し，学習できるようにすることが求められるようになっている（図3-2参照）。

図3-2のように東京の江東区立八名川小学校では，持続可能な社会の担い手づくりのために，教科・領域を超えた4領域を設定している。「環境」「多文化理解」「人権・命の教育」「学習スキル」である。そして，学校教育法や学習

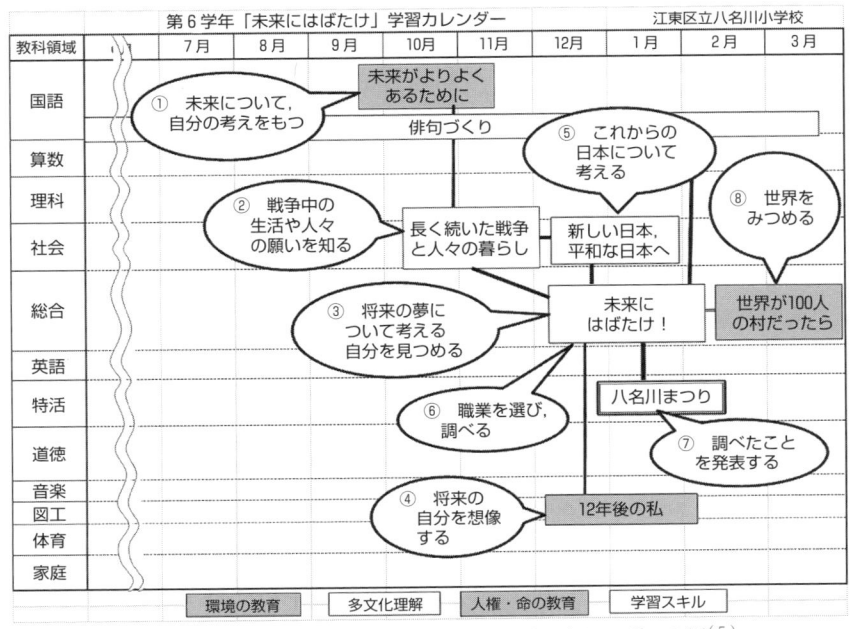

図3-2　江東区立八名川小学校における ESD カレンダーの例[5]

指導要領に示された教科・領域の枠組みに従いながらも，その教科・領域内の内容を再構成し，マネジメントして，持続可能な社会づくりに向けた4領域の学習場面を提供しているのである。つまり，教科横断的な学習内容，いうなれば持続可能な社会づくりのための学習内容について，従来の教育課程に従いながらも，いつ，どこで，どのように教えるか，またどのような計画に従って学ぶのかをカレンダーというかたちで再計画し，実践しているのである。そのためのツール（教育計画）が，「ESD カレンダー」と呼ばれるものである。

　このように，「教科等の目標や内容を見渡し，特に学習の基盤となる**資質・能力**や現代的な諸課題に対応して求められる**資質・能力**の育成のために，教科等横断的な学習を充実する」ことを**カリキュラム・マネジメント**と呼ぶ。このような，教科・領域を越えた学びを生み出す軸，つまり持続可能な社会の担い手・創り手づくりという軸こそが，これからの時代に求められる教育課程の編成の新たな原理であるといえる。

（4）持続可能な社会づくりに向けた教育課程とは

　日本の学校における教育課程は，長年，文部科学大臣が定めるものとされ，各学校の編成権も必ずしも強いものではなかった。

　しかし，学習指導要領において，「これからの学校には，…一人一人の児童が…持続可能な社会の創り手となることができるようにすることが求められる」と示されたように，各学校において，「持続可能な社会」という新しい編成原理も踏まえた教育課程が求められるようになった。そのため手がかりは，ESD カレンダーなどからもみてとることができる。

　このような教育課程のあり方は，従来の学問の系統に従った教科枠組みを示す**系統**主義とも，子どもの興味・関心を重視する**経験主義**とも異なる第三の編成原理，いうなれば，「持続可能な社会の実現」を願う社会からの要請に基づく編成原理であるといえる。ここでは「持続可能な社会の構築をめざす」編成原理であることから，「（持続可能な）社会構築主義」とでも名づけておこう。

　文科省が作成した学習指導要領パンフレットでは，「生きる力，学びのその

先へ」とうたわれている。この文言には，これまでのような学校だけで完結する**資質・能力**の育成ではなく，持続可能な未来社会について考え，その構築に参加するための資質・能力の育成が学校にも求められているという意味が込められている。そして，このような資質・能力は，**系統主義・経験主義**という学校で完結する編成原理ではなく，（持続可能な）社会構築主義という新たな編成原理の誕生を示しているのかもしれないし，「社会に開かれた教育課程」というキーワードそのものが，そのあらわれかもしれない。

　学校は，子どもを社会に適合させるための教育と同時に，子ども自ら社会の課題を見いだし，必要ならばその社会をつくり替えるための資質・能力育成をめざしてきた。しかし，18歳成人を迎えるこの時期に，児童生徒とともに社会の課題を見いだし，つくり替える学校のありようが求められているのかもしれない。そのとき，一教員となる皆さんには，どのような役割が求められているのか。考えてみてほしい。

演習問題
① SDGsの目標を1つあげ，どの教科・領域で教えているか探してみよう。
②「持続可能な開発を促進するために必要な知識及び技能」を自分なりにあげ，いつどの段階で身につけるべきだと考えるか。まとめ，説明してみよう。

参考文献
広島県福山市立駅西小学校編『未来を開くESDの授業づくり』ミネルヴァ書房，2012年
永田佳之・曽我幸代編訳『新たな時代のESD サスティナブルな学校を創ろう』明石書店，2017年

注
（1）文部科学省『小学校学習指導要領（平成29年告示）解説総則編』2017年，11頁。
（2）平成29年度 小・中学校新教育課程説明会（中央説明会）における文部科学省説明資料，スライド15，http://www.mext.go.jp/a_menu/shotou/new-cs/__icsFiles/afieldfile/2017/09/28/1396716_1.pdf
（3）注1，1頁。
（4）同上，6頁。
（5）手島利夫『学校発ESDの学び』教育出版，2017年，81頁。

コ ラ ム　ホールスクール・アプローチ

　持続可能な社会のためにさまざまな資質・能力を育成する教育課程を編成できたとしても，学校そのものが持続可能な社会でなければ，その目標を達成するのはむずかしい。

　たとえば，さまざまな教科・領域を組み合わせて「平和および非暴力的文化の推進」の学習が組織的に計画され，実施されたとする。しかし，学校内では体罰などの暴力が蔓延していたとしたら，それはまったく意味がない。むしろ子どもたちには，誤ったメッセージが伝わってしまうかも知れない。

　第3章ではカリキュラムを，教育計画としてのみ説明してきたが，実際の学校には，学習指導要領などによって可視化された教育計画のほかに，「見えないカリキュラム」（フォービドゥン・カリキュラム）が存在する。私たちは，部活動などにおける先輩後輩関係を当たり前のものと思っているが，このような「振る舞い方」についての規定は，学習指導要領上にはまったく存在していない。このような教育内容は，学校のなかにおいて，なぜか見えない規律として存在しており，いつの間にか無意識に身につけてしまっているものである。

　そこで，持続可能な社会づくりの担い手・創り手づくりには，授業で「人権」について教えるだけでなく，学校全体において人権が保障された空間をつくり出す必要がでてくる。つまり，（見える）カリキュラムだけでなく，見えないカリキュラムを生みだす学校運営も，さらには施設までをも，「持続可能な社会」にしようという試みである。

　このような学校そのものをサスティナブルなものにしようというアプローチのことを，「ホールスクール・アプローチ」という。

　このようなホールスクール・アプローチの実例として，日本では横浜市立永田台小学校があげられる。たとえば，職員室にカフェを設けたり，給食残渣（ざんさ）の減少などに取り組んでいる。同校校長を勤めた住田は「元気な学校は元気な教職員から」として，ESDをつうじた授業改革から，元気な学級・学校づくり，そして元気な地域づくりに取り組んだ（住田昌治『カラフルな学校づくり』学文社，2019年）が，このように学校のありようを持続可能なものに変えることによって，教育課程だけでなく，学校そして地域までをも持続可能な社会にするホールスクール・アプローチからは，学校の新しいありようがみえてくる。ここからは教育課程が，単なる学校の教育計画から，変革に向けた社会全体のデザインへと変化しつつあることが理解できるだろう。

　さて，近年学校教員の長時間勤務が問題になっているが，このようなあり方は，持続可能な社会づくりにふさわしいといえるだろうか考えてみよう。

第 4 章

授　業

　学校教育において，授業は中心的な活動の1つである。これまで皆さんは，授業を受ける側の立場だった。この立場では，授業はとてもつまらないと感じたり，なぜ役に立たないようなことを教えるのかといった疑問をもった人も少なくないだろう。しかしながら，今度は立場がかわり，皆さんは授業を行う立場で教育という営みを考えなくてはいけない。

　とくに教師は，社会の変化を読み取りながら，社会の変化のなかで生き抜き，社会をさらに発展させる人間のあり方を想定し，これからの社会でどのような人間の資質や能力が求められるか，どんな学力が必要になるのか，その形成のためにどのような教育内容が要請されるのか，社会の変化に対応するどんな方法が要求されるのか，これらを検討し決定して授業づくりをしていかなければならない。

　本章では，まず，授業づくりを支える基盤についてふれる。ここでは，授業にはどのような役割や機能があり，授業はどのような要素から成るのか，子どもたちの深い学びを実現するための基本的な理解を深める。つぎに，すぐれた授業とは何か，このテーマについて考察する。とくに，認知科学的に「わかる」ということの意味をふまえたうえで，子どもの納得世界を探る授業設計を題材に考察していきたい。最後に，「文化の持続可能性」という視点から授業をESDへと転換する授業についてふれる。具体的には，多文化共生の視点，自国の伝統や文化の継承・発展の視点を取り上げる。

著者紹介

細矢　智寛（女子美術大学短期大学部助教）
1989年生まれ。筑波大学大学院教育研究科スクールリーダシップ開発専攻修了。修士（教育学）。2018年4月から現職。主な著作は，「アラル海の学校を訪ねる」（『地理62巻4号』2017年　共著），「カラテレン村で発見！　こんなところに日本人」（『地理62巻4号』2017年　単著）。

第1節　授業づくりを支える基盤

（1）授業の役割

　これまで皆さんはさまざまな授業を，学校教育を通して経験してきた。では，これまで受けてきた授業にはどのような機能があったのだろうか。授業にはどのような働きや役割が備わっているのだろうか。授業がどのような役割として学校教育を支えているのかを理解することは，皆さんがこれから教師として教壇に立つうえで知っておくべき事柄の１つである。授業は少なくとも以下の３つの機能がある。

　第一に，授業は人間の文化遺産を伝えることとそれを発展させるという機能がある。つまり，授業は文化遺産を伝える営みということである。ここでの文化遺産とは，知識や技能，芸術やスポーツといった遺産であり，これまで人間がつくりだしてきた成果である。これまで受けてきた授業は，読み書き計算のような生活するうえで必要な基礎的知識，仕事をするための実用的な知識技能，学問や文化を生み出すための教養などの文化遺産を児童生徒に伝え，授ける場所であった。また，授業は，児童生徒が教師とともに新しい知識や技能を発見し創造する場でもある。

　第二に，授業は思考力や創造力，そして根気強さのような諸能力を育成する機能がある。これらの諸能力はさまざまな教科の授業や課外授業において，知識や技能を習得する過程で，問題点を発見し推理や判断する際に，発揮され，育まれる。そのためには，授業が常に思考や探究を高める場所となるように心がけなければならない。

　第三に，授業は，教師と児童生徒のかかわり合いによって機能する。教室は，異なる意見を主張しながら考えを出し合ったり，ときに調停したり解決したりするといった意味で，授業が成立する。これらの活動を通して児童生徒は，意見や主張の創出，議論の進め方，結論のまとめ方といった技能を習得できる。さらに，協働で考えたり，助け合ったりすることを通して，社会性の育成にもつながる。それゆえ，教室は失敗や自分の意見を自由に述べることが許される条件の下，知性や人間性が保障される場所であるべきである。

（2）授業の構造

　つぎは，授業の構造である。教師は，常に授業改善や教材研究に取り組まなくてはならない。なぜなら，日々成長する児童生徒や時代や社会の変化に対応しなければならないからである。授業では，教師の意図したとおりに進まないさまざまな問題が生じる。その問題がどのような要因から生じているのかを究明するために，授業の構造を理解しているとその助けになる。つまり，授業の構造を理解することは，自らの授業の見直しや授業改善の視点の参考になる。

　授業構造の伝統的理論に「**教授三角形**」がある。教授三角形は，授業を教師，児童生徒，教材の３つの諸要因として表すものである。

　第一は，教師と児童生徒の関係である。これは教師が児童生徒に何らかの教育的意図をもって教えるといった授業の中心的な関係である。そこではとくに，教師が「何をどのような方法で教えるか」といった教材を媒介にして，児童生徒は，知識や技能そして思考力や創造力のような諸能力を学習することが多い。もちろん，この関係において媒介する教材を伴わない指導もある。これは，生徒指導や生活指導であり，人格の形成への働きかけとして機能する。

　第二は，児童生徒と教材の関係である。これは，ある教材から児童生徒が何かを知ったり理解したり，技能を身につけたりする学習にかかわる。とくに，教材をもとに児童生徒がどのように学ぶのかといった，教材の選択と提示の仕方などに焦点が当たる。たとえば，児童生徒の興味関心が高い教材を提示した場合，教師の働きかけがなくとも，対象となる事柄や出来事に児童生徒が興味をもち，自ら進んで教材と向き合い学習することがある。他方で，読み書き計算のような生活するうえでの基礎的な知識や技能は，児童生徒にとって必要不可欠なものであるがその多くが反復作業を通して習熟するため，教材の提示の仕方を工夫しなければならないこともある（教師と教材の関係に近いかも）。

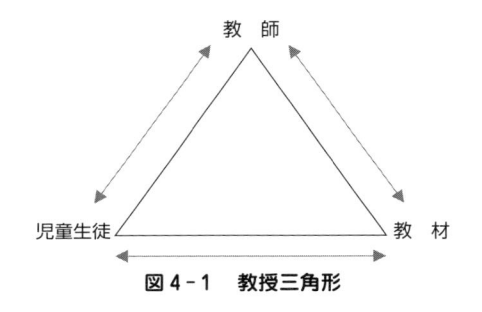

図 4 - 1　教授三角形

　第三は，教師と教材の関係である。これは，どのような意図をもって，何を，どのように教えるか，という授業を創造する教材研究にかかわる。これは，実際の授業を行ううえでの学習指導計画である。ここでは，児童生徒の発達段階と興味関心の実態を考慮に入れながら授業を創造しなくてはいけない。これらを欠いてしまうと，教師の一方的な計画に終わる危険がある。

　これに対して，ヘルシンキ大学のエンゲストローム（Engeström, Y.）は，学習を「主体」「対象」「共同体」の相互の関係としてとらえ，それらを結びつける媒介として「道具」「分業」「ルール」を用いて，学習活動システムを定式化した。教師が児童生徒に対し，知識の伝達に力点をおいた一斉授業を例に考えてみる。この場合，「主体」は教師であり，「対象」は学生である。教師は教科書や黒板などを「道具」として児童生徒に知識を伝達し，その結果は試験によって評価される。一斉授業のみ行う教師はいないと思うが，極端にそのような教師がいた場合は，「共同体」は形式的にしか存在しない。なぜなら，教師と児童生徒の間には，教員が話したり板書したりし，それを児童生徒が聴いたりノートをとるといった「分業」が成立するだけだからである。これは，教師と児童生徒が共同作業しているとはいえない。それから，授業中には私語や居眠りはしてはいけない，疑問があるときは手を挙げてから発言するなど，「ルール」が存在する。

　いっぽうで，「主体」を児童生徒に置き換えた場合の例も考えてみる。その場合の「対象」は，児童生徒が取り組む価値のある問題や児童生徒にとって身近な問題が選択される。その問題を解決するために必要な知識（「道具」）は，児童生徒がこれまでに学習してきた既有知識をもとにするか，授業や授業外で児童生徒が自ら探し出すか，同時期に教師によって伝達されるかなど，そこではさまざまなかたちがとられる。このような児童生徒が主体となる学習活動では，教師は児童生徒同士のグループ学習をうまくいくように支援する役割を担うことがあったり，児童生徒同士が調べる内容を分担したりするように，「分業」や「ルール」が設けられる。こうして児童生徒が教師の支援のもとで問題を解決できれば，それが結果となる。こうした授業を単元を通して繰り返した児

童生徒と教師は，通常の一斉授業に比べて多くの共同体を形成しやすくなる。

（3）主体的・対話的で深い学び

　授業という場では，教師の一方的な知識伝達を乗り越える意味での主体的・対話的で深い学びが求められている。では，**主体的・対話的で深い学び**とは一体どのような学びなのか。中央教育審議会「幼稚園，小学校，中学校，高等学校及び特別支援学校の学習指導要領等の改善及び必要な方策等について」（2016年12月21日）では，それについての言及がなされた。

　「主体的な学び」とは，児童生徒が興味や関心をもって学習活動に積極的に取り組むとともに，学習活動を自ら振り返り意味づけたり，身につけた資質・能力を自覚したり，共有したりすることである。つぎに「対話的な学び」とは，身につけた知識や技能の定着や，物事の多面的で深い理解に至るために，子ども同士の協働，教職員や地域の人々との対話，昔のすぐれた人たちの考え方などを手掛かりに自分の考えを広げ深めることである。最後に，「深い学び」とは，知識を相互に関連づけてより深く理解したり，情報を精査して考えを形成したり，問題を見いだして解決策を考えたり，思いや考えをもとに想像したりすることである。ここでは，他者との話し合いや協働での調べ学習をするだけではなく，問題を見いだして解決策を考えたり，新しい価値を創造したりする「深い学び」を実現しようとする学びのあり方を強調した点に特徴がある。

　「深い学び」に類する概念に，松下（2015）のディープ・アクティブラーニングがある。ディープ・アクティブラーニングとは，「学生が他者と関わりながら，対象世界を深く学び，これまでの知識や経験と結びつけると同時にこれからの人生につなげていけるような学習（松下 p. 23）」である。「深い学び」の特徴としては，次の3つを取り上げる。

　第一に，深い関与である。これは，学習者がどの程度，学習対象への学びに没頭しているかという観点である。とりわけ，学習に深く関与している学習者は，対象の活動に，熱中，没入，忘我といったフロー（flow）状態になる傾向がある。学習者が「今日の授業は面白くて時間が経つのがあっというまだっ

た」「もうこんな時間」などと感じるようなときは，学習に深く関与しているのである。

　第二は，深いアプローチである。これは，学習者がどの程度，意図的に意味を追求した思考操作あるいは情報処理をしているかという観点である。深いアプローチをしている学習者は，次のようなことを行う。たとえば，概念を既有の知識や経験に関連づける，共通するパターンや根底にある原理を探す，証拠をチェックし結論と関係づける，論理と議論を綿密に批判的に吟味するなどである。結果として，学習者は，科目の内容により積極的な関心をもつようになったり，理解が深まるにつれて自分の理解のレベルを認識するようになったりする。いっぽうで，浅いアプローチをしている学習者は，授業で求められていることをただ単にこなすことに焦点が当てられている。そこでは，授業を互いに無関係な知識の断片としてとらえたり，事実をひたすら暗記したり決まった手続きをひたすら繰り返したりする。結果として，学習者は，新しい概念を意味づけることが困難になり，授業や設定された課題にほとんど価値も意義も見いだせなくなる。

　第三は，永続的理解である。これは，学習した知識が新たな状況に応用できたり，原理と一般化を導くような汎用性のある知識を身につけたりできたかどうかという観点である。最初の理解レベルは，ある事実的な知識と個別的な技能を習得し，次のレベルはその知識を新たな状況に応用できる状態へ，それをさらに発展させてある原理や一般化を導くレベルが永続的理解の最終到達点である。教師は，これから数年にわたって子どもたちが成長し，かれらが学校教育で学んだ詳細を忘れ去ったあとに何を理解しておいてほしいか，何を活用できるようになってほしいかという問いをもち，授業づくりを進めていかなければならない。

第2節　すぐれた授業とは何か―子どもの納得世界を探る授業

　本節では，授業の基本的理解から離れ，すぐれた授業とは何かについて考察する。まず，認知科学の視点からの深い学び（「わかる」ということの意味）の

現象を概説する。そのうえで，その現象を構築する授業設計についてふれる。

（1）「わかる」ということの意味

　皆さんはよく授業中，先生から「○○についてわかりましたね」「○○は，わかりましたか」などと聞かれ，「わかっていること」として次の単元へと進んでいく経験をこれまでしてきた。しかし，ものの見方やわかり方は，それぞれの子どもの既有知識や経験をもとに形成されるものである。それゆえ，授業が教室のすべての子どもの学びや理解を保障しているとは限らない。教師は，すべての子どもの学びや理解をできる限り保障する努力をするために，もっと子どもの「わかる」「わかった」を大切にしなければならない。では，「わかる」とは何か。佐伯（2017）は，「『わかる』ということは，じつは，『わかっていること同士が結びつく』ということにほかならない（p. 153）」と述べる。

　この『わかっていること同士が結びつく』ということを念頭におきながら以下の事例をみてみよう。これは，小学 1 年生になって間もない A が，さまざまな生活や活動を通してもともとは別々のものとして「わかっていた」いくつかの「小さな世界」が結びついて「数」という抽象的な概念を発見する事例である（佐伯2017, pp. 137-155）。A の生活のなかでは，数の合計を数え上げて出す「数え上げの世界」，金額の合計を出す「硬貨の世界」，角度の回転角度の合計を出す「シューティング・ゲーム（角度を設定して的に命中させるゲーム）の世界」といった「小さな世界」が並存していた。

　「数え上げの世界」は，小学 1 年生であるため，たとえば「75＋26はいくつ？」という質問には「70, 80, 90, 96, あと 5 は指を折り数え上げて…97, 98, 99, 100, 101。101になる」と答えられた。それはなんとなく「そうやればうまくいく」ということがわかっていた。いっぽうで，A は硬貨を使った遊びを行っていたため，「硬貨の世界」に関連づけた問題「75セントと26セントは？」という質問には瞬時に「クォーター 4 枚とペニー 1 枚だから， 1 ドル 1 セント（＝101セント）」と答えられた。A の硬貨の計算は，指折りで数える場合のように純粋に「数」として計算しているというより「硬貨の組み合わせ」

で把握していた。それゆえ，このころのAは「数え上げの世界」と「硬貨の世界」はまったく別々のものとして扱い，相互になんらかの関係性があることに気づいていなかった。

　他方で，ゲームが好きなAは，角度の計算を操って的に命中することに長けていた。「右へ50」に「右へ20」を加える場合は，「まず0をとって，5＋2だと思って計算し，その結果0を1つだけ加えればよいらしい」ということを身につけていた。しかし，この段階ではまだ本当に2桁の「数」を足しているという実感はAにはなく，むしろ回転角度の合計を出すといった限れらた「シューティング・ゲームの世界」だけ通用するものととらえていた。しかし，ある日突然，Aの兄とのシューティング・ゲームでの角度設定をするときの答えの食いちがいをきっかけに，「硬貨の世界」と「シューティング・ゲームの世界」が結びついて，「数字で書けば同じことになる」ということに気づいたのである。

　このように，Aは，すでに「わかっていたこと」について，ある経験が相互に結びつくことを通して「結局，同じことだったのか」ということが「新しい事実として」わかったことになる。Aの事例からわかるように，当初は別々のものとしてとらえていた「数え上げの世界」「硬貨の世界」「シューティング・ゲームの世界」がそれぞれで成熟し，活動が広がるなかで自然に相互に結びつき，「数の世界（抽象的な数の概念）」という「大きな世界」を構成していったことがわかる（図4-2）。それぞれの「小さな世界」（狭い領域）にだけ通用する「やり方」として身についていたことが，次第に「ほかでも当てはまること」として理解されてくる。これが『わかっていること同士が結びつく』ことで生じる『わかる』の正体，すなわち子どもの**納得世界**である。

　これは，物事をより深く理解できるあるいは納得できることと同時に，活動できる世界が広がり，ますます複雑で困難なことでも「うまくやれる」ようになるという過程である。

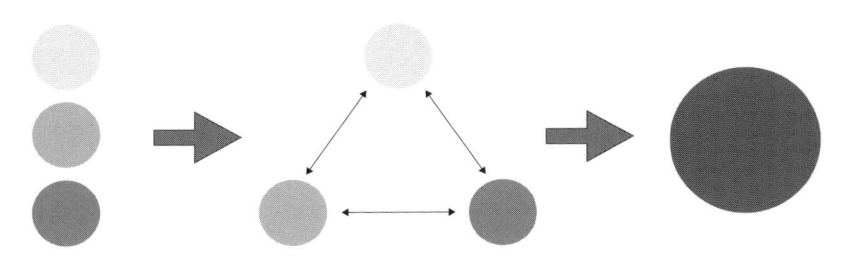

それぞれ独立した
子どもの小さな世界
「わかっていること」

活動が広がるなかで，子どもの小さな
世界である「わかっていること」は，
相互に干渉し合う

「わかっていること同士が
結びつく」ことで「大き
な世界」を構成する

図 4 - 2　子どもの納得世界「わかる」ということの意味

（2）「わかる」授業設計

　佐伯ら（1989）は，『わかっていること同士が結びつく』ことで生じる深い学びの**授業設計**について，子どもの納得世界をつくるような学習活動を取り上げた。ここでの納得世界は，3 つある。アルゴリズムの世界，直感的世界，原理的理解の世界である。すぐれた授業とは，この 3 つの世界相互の結びつけによって相互交渉を促し，結果的に学習者それぞれの納得世界を豊かなものにするような学習活動（算数であれば自分独自の解き方で）である。このような授業をすることで，学校で学んだ内容が役に立たないものではなく，現実世界でのものの見方や考え方に反映され，生きた知識として発揮されることになる。

　アルゴリズムの世界は，ほとんど無意識のうちに一定の手順をふんで遂行できる領域である。大抵の場合，「なぜそうなるのか」と説明を求められてもうまく説明できないような「体が覚えている」事柄である。直感的世界とは，ある特定の領域内でのみ「ごく当たり前に」できる熟達した領域である。この世界では，あくまでその人にとっての「なじみのある」活動領域に結びついていて，領域固有的なものである。それゆえ，構造としては同一の事柄でも，扱う事物がなじみのないものならば手も足も出ないということがある。原理的理解の世界は，ある特定の法則がいつでもどこでも，成り立っているとはっきり自覚してわかっている領域である。

　子どもの納得世界をつくる授業事例として取り上げるのは，ランパート（Lampert, M）の実践である（佐伯ら，1989：76-92）。この実践はランパート自身が小学4年生のクラスで実施した「二桁以上の数のかけ算」の授業（合計8時間）である。納得世界を活性化させる授業設計は，以下の3つの段階からなる。なお，「わかる」授業設計の理解を深めるために，算数の具体的事例をもとに例示していくが，国語や理科や社会などさまざまな各教科でもこの方法の適用を試みるとともに，適用の限界についても議論してほしい。

（3）第1段階：「直観的世界」を足がかりに納得世界を探る

　最初に数時間を当てたのは，硬貨を多様に組み合わせる課題である。それから，子どもたちに最終的に与えた問題は，「2種類の硬貨を19枚用いて，ちょうど1ドルにしなさい」という硬貨の計算である。このような課題に入る前に，6種類の硬貨が次のように記号で整理される。

ペニー	p＝1セント	ニッケル	n＝5セント	ダイム	d＝10セント
クオーター	q＝25セント	ハーフダラー	h＝50セント	シルバーダラー	s＝100セント＝1ドル

　そこで最初は，たとえば，「ダイムとニッケルだけで1ドルにする，あらゆる可能な方法を考えなさい」という課題が出される。教師は以下の表に書き込んでいくように指導する。

d（ダイム）	n（ニッケル）	合計金額

　子どもたちは，左からダイムの数，ニッケルの数，さらにそれによってできる金額を書き込んでいく。子どもたちは，合計金額はできる限り1ドルに近い数になるようにダイムとニッケルの合計を予想しながら記入していく。初めは多くの場合，「あてずっぽう」な思いつきから出発して，しばらくして順序立った考えを発見させていく。たとえば，最初はダイムだけでできるだけ目標金額に近づけ，残りをニッケルに割り当てながら，順にダイムの数を減らしていくような方法を子どもたちに発見させる。

　ある程度，表の記入が進んだときに教師は子どもたちのさまざまな答えを

「 5 d＋10n，9 d＋ 2 n…」というように文字式で黒板に板書する。そこでは，「 5 d をさして， 5 ×10はいくつか（50），それから10n をさして，10× 5 はいくつか（50），では，50＋50はいくつか（100），100セントということは 1 ドルですね」というように積和計算をみんなで実行していく。

　この課題が「あてずっぽう」ではなく，順序だった探索ができ，ほとんど失敗なく子どもたちが計算できるようになると，硬貨の種類を 3 種類に変えたり， 2 種類でも 1 ドル50セントをつくらせたり，問題を変形し，今までのやり方を「応用」させていく。この課題は子どもたちの日常生活の硬貨の取り扱いで生じる「直感的世界」を活かしながら，さまざまな課題の練習を通して自然に「アルゴリズム的世界」や「原理的世界」を活性化し，それぞれの世界を広げたり，強めたりする学習活動である。

（4）第 2 段階：「原理的世界」を足がかりに納得世界を探る

　次の課題状況は，掛け算の作問と図解である。ここでの典型的な問題は，「 4 ×12という計算で答えを出すような問題を文章でつくり，それを図解しなさい」である。（1 ）の課題では，硬貨の具体的な状況を用いて，そこで働く直感をもとに計算の操作の原理やアルゴリズムを活性化させた。しかし，今回の課題状況は，まったく逆である。なぜなら，計算式から，それに合う具体的な状況を想像させるからである。たとえば，A さんは，「12本のビンに 4 匹の蝶が入っている」と発言する。教師は，「 4 ×12を計算すると何がわかるか」と質問する。すると A さんは，「もっている蝶のすべての数」と答える。

　このような場面で教師は，今行っていることの意味をはっきりさせたり，理由を答えさせたりする。それから教師は，「12本のビンに 4 匹の蝶が入っている」図を黒板に板書し，10本のビンをひとまとまりに囲んでみせる（板書 1 ：佐伯ら，1989：86をもとに作成）。このまとまりのなかの蝶は何匹いるかを子どもたちにたずねる。B さんは，「40匹」と答える。教師は，「なぜそうなるのか」質問する。B さんは「 4 ×10だから」と答える。教師はほかの子どもである C さんを当てて「まとまりの外には何匹残っていますか」とたずねる。C さ

んは,「1, 2, 3 … 8匹です」と答える。教師
は今行ったことを思い起こさせながら黒板に次の
ように板書し,このような計算でよいことを子ど
もたちと確認した(板書2)。

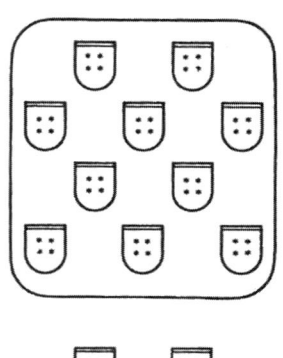

板書1

つぎに,教師は囲っていた枠を消して「今度は
君たちが好きなように枠をつけてください,そし
て,枠のなかの蝶の数が簡単に計算できるように
してください」と投げかけた。あとは,6本を
囲ったり,3本を囲ったりする子どもたちを取り
上げながら,全体でもう一度計算式を書きながら
解いていく。いずれの場合も,必ず答えが48にな
ることを確認していく。多くの子どもたちは,ち
がう考え方(囲み方を変えた場合)をしても答え
が同じだということに驚く。

$$12 \times 4 = 10 \times 4 + 2 \times 4$$
$$= 40 + 8$$
$$= 48$$

板書2

このような問題のあと,今度は難易度を上げた「76×4」を考えさせる。子
どもたちは突然の大きな数で困惑する。教師はしばらく子どもたちの反応をみ
ながら,「76は70と6でしょう」と投げかける。それから,4つの小さな星に
6人ずつの宇宙飛行士がいるところに70人乗りの宇宙船がそれぞれに到着した
ことを示す図を描く。子どもたちは図を見ながら,さまざまな計算方法を考え
出した。たとえば,「76+76+76+76」や「70×4+6×4」などさまざまで
あった。このような課題を,難易度を変えながら数日間行っていく。

このように,数式→具体的な状況→略図による操作・変形→数式表現のよう
な一連の循環によって,直感的世界,アルゴリズムの世界,原理的世界を行き
来させながら納得世界を活性化させるのである。

(5) 第3段階:「アルゴリズムの世界」を足がかりに納得世界を探る

最後の課題状況は,計算の意味と手続きである。ここでは,筆算の手続き
(アルゴリズム)を取り上げる。単に手続きを教えるのではなく,これまでの2

```
   86    →80＋6
 ×  3
   18    ←3×6
＋240    ←3×80
  258
```
板書 3

```
  3652   →3000＋600＋50＋2
 ×    8
 24000   ←8×3000
  4800   ←8×600
   400   ←8×50
＋   16   ←8×2
 29216
```
板書 4

```
   352
 ×  82
     4   ←2×2
   100   ←2×50
   600   ←2×300
   160   ←80×2
  4000   ←80×50
＋24000   ←80×300
 28864
```
板書 5

つの課題状況のなかでもふれた，数の分解と統合を明示的に意識化させることがねらいである。たとえば，教師は，「86×3」は「ハチジュウロクかけるサン」とは言わず，「86のまとまりが3つ」と言いながら式を板書する（板書3）。

　ここでは，子どもたちに筆算の手続きを今までの課題における数の分解と統合と同じであることを理解させる。次は「3652×8」といった大きな数の掛け算を考える。これも「86×3」と同じやり方でよいことを確認する（板書4）。これを発展させて今後は，「352×82」を考える（板書5）。

　このようなやり方で何度も練習し，意味を実感させたところで，通常のやり方である「小さく添え字をつけて繰り上がりをマークしていくやり方」を「異なるやり方」として導入する。そのうえで，子どもたちに交代で2つのやり方を試させ，どっちが素早くかつ正確に計算できるかを比較させる。その結果をもとに子どもたち自身に好きなやり方を選択させる。

　以上のように，すぐれた授業とは，アルゴリズムの世界，直感的世界，原理的理解の世界の3つの世界相互の結びつきによって相互交渉を促し，結果的に学習者それぞれの納得世界を豊かなものにするような学習活動である。このような授業をすることで，学校で学んだ内容が学校場面でのみ有効なものとしてではなく，現実世界でのものの見方や考え方に反映され，生きた知識として発揮されることになる。

第3節　授業の ESD 的転換

　本節では，これまで理解を深めてきた「授業」を ESD へと転換する。ESD へと転換するための具体的な視点とは，たとえば生物の絶滅や環境破壊などの世界規模の問題である。ここでは，「文化の持続可能性」という視点から授業を ESD へと転換する。まず，現在世界中でおきている文化の消滅問題を考える。そのうえで，多様な文化を理解したり認めたりする**多文化共生**から授業づくりを考える。最後に，自国の**伝統や文化**について理解を深め，そのよさを継承・発展させる授業づくりについて考える。

（1）異文化同化による文化消滅

　現代は変化の激しい社会である。日々，世界中では絶え間ない技術革新によって，アイデア，製品，デザインなど，「生まれては消える，消えては生まれる」という現象が繰り返されている。この現象は，私たちの生活様式，職業や働き方，価値観などに多大な影響を及ぼす。たとえば，インターネットがなかった時代と現代では，生活様式や仕事の種類も異なり，その社会で求められているものがまったく異なる。この現象は今後も変化しつづけていくが，これからの時代はより一層，その変化を予測することが困難な時代となる。

　とりわけ，このような動向の中心にいるのが欧米である。今や，日本を含む世界各国が欧米の影響を受けている。あらゆる人々が使っている電話をみれば，そのほとんどが Apple か Android である。外を見渡せば，欧米のお店をたくさん見つけることができる。学校教育でも，幼いころから英語を学習し，グローバルな視野をもつことや，英語でコミュニケーションできるように力を入れている。このように日本でも生活様式や教育を含め，さまざまなところに欧米文化の影響を受けている。

　いっぽう，このような欧米化に伴って，文化が消滅したり，衰退したりする現象がみられる。たとえば，言語である。前述したように，日本は，生活様式の入植，教育における言語の入植など，欧米の影響を受けている。これは，世界中の国々も同様であり，複数の弱小言語を保持する国はとくにその影響を受

ける。世界には話者が2000人ほどしかいない弱小言語を保持する国々がある。

　国や地域によって，弱小言語を有する人たちが生活している現状は珍しくない。そこではグローバル経済を引率するアメリカのような優勢な文化の煽（あお）りによって，その町や都市では英語が使われる店や企業が多くなり，学校教育でも英語を勉強させる。この事情により子どもや若者たちは，親たちの話す伝統の言語に執着する動機を失う。弱小言語は学校のカリキュラムでも教えられず，かれらは親の言語を時代遅れで習得しても役に立たないと考えるようになる。すると，その言語を使用するコミュニティや伝統文化までも拒絶するようになる。親も子どもに伝統を教えなくなるという現象が加速するのである。これは，国際共通語の到来によって，「優勢言語への同化」あるいは「異文化同化」を引き起こすことで言語消滅の割合が増大した一例である（デイヴィット・クリスタル，2004）。

　今日世界の言語の数は，6000程度である。そのうちの269の言語が，世界の総人口の人々の多くが基本的に使用している。国際的な調査機関 "Ethnologue" は，中国語，スペイン語，英語…と上位15の言語が世界の総人口の半数を占めている事実を示した。また，『消滅する言語』（同上）では，英語のような国際共通語の到来を含むさまざまな原因によって，2100年までに3000言語が消滅すると予想されている。これは12日おきに言語が1つずつ消滅していく見積もりである。

（2）文化の保存や継承の重要性と意義

　私たちあるいは人間の祖先は，古くから言語を用いながら文化をつくりだしてきた。たとえば，信仰，儀式や音楽，絵画，工芸，そのほかの行動様式など，これまで多くの年月をかけて子が孫へと何世紀にもわたって自らの文化的遺産を継承しときには発展させてきた。これらの文化は，言語の種類だけ多様で豊かなものであり，それぞれが特異性を有している。そこには，さまざまな言語が映す多様な世界のあり方がある。

　たとえば，フィンランド語には，三人称を表す代名詞に性別の区別がない。

「彼」も「彼女」も"hän"で表される。それゆえ，"Hän rakastaa häntä（○○は○○を愛しています）"という文は，「彼」が愛しているのは実際のところ「彼」かもしれないし，あるいは「彼女」が愛しているのが「彼女」の可能性もある。逆も然りである。これはフィンランドの人々の男女平等主義の世界観が反映されている。北アメリカのモホーク族のモホーク語では，日本語の誰かを「埋葬する」に当たる単語は，「その身体を私たちの母なる大地の毛布で包む」という表現になる。加えて，日本語で「私は病気だ」に当たる表現は，モホーク語では，「病気が私のところにきた」と表現される。かれらの世界観の一端が垣間見られる（町田和彦，2014）。

　言語が消滅することは，かれらの世界の喪失なのである。それぞれの言語は，民族の考え方や価値観（アイデンティティー），生活様式や知恵，精神世界や森羅万象のとらえ方など，さまざまな特有の文化をかたちづくる源である。それゆえ，言語の意思疎通の役割はその一面であり，その本質ではない。このほかにも，弱小言語が医学の進歩に有益をもたらした事例もある。先住民のヒーラー（薬草医）は土地固有の病気についての膨大な用語（知識）をもっている。ハマノオ族は，土の種類について40の表現（知識や知恵）をもっていたり，薬効成分を6500種類も知っていたりする。過去に先住民に案内，情報提供されたおかげで，アスピリン，コデイン，キニーネ，トコンのような一般的な治療薬になったものは多くある（Condé Nast Japan，2015）。

　このように多様な文化の保存や継承の重要性はあり，多様な文化を理解し共生していく社会の実現を考えていかなくてはならない。

（3）多文化共生による視点から授業を考える

　近年，日本の学校では多様な文化的背景の子どもたちが学ぶ姿をみかけるようになった。多様な文化的背景の子どもとは，外国につながりのある子どもたちであり，主にニューカマーと呼ばれる子どもたちである。

　ニューカマーとは，1980年以降，アジアや南米地域を中心とする諸外国より親の就労や留学など，さまざまな事由と経緯で来日した外国人とその家族のこ

とである。ニューカマーの数は，1990年に出入国管理および入管法が改正され，定住者の在留資格が創設されたことで日系南米人を中心に増加し，2008年には一旦減少したものの，それ以降も増加傾向にある。外国人が日本での就労や留学のために家族そろって来日し，来日後，家族を祖国より呼びよせる者も多く，同伴した家族のうち就学年齢の子どもたちのなかには公立学校に通う者もいる。このほか，外国の学校から転校してくる子ども，ニューカマーの両親のもと日本で生まれ育った子ども，国際結婚よる子どもも増え，子どもたちの文化的背景の様相は一層多様化している。

　ニューカマーの子どもたちは，日本の学校でさまざまな文化的差異を経験している。代表的なものとしては，衣食住にかかわる習慣，行動様式，宗教上の慣行のちがいなどがある。このほかにも，子どもたちが学校で経験する文化的差異は，可視性の高いものもあれば可視性の低いものもあり，より多岐にわたる（金井，2012：53-57）。とくに，日本の学校に通うニューカマーの子どもたちの日本語の運用能力，教室におけるコミュニケーションへの参加のあり方をめぐる認識は，これからの学校教育の授業づくりをしていくうえで見過ごすことのできない視点である。

　授業において，ニューカマーの子どもたちは，日本語の運用能力が十分ではないために授業内容を理解することができなかったり，個人あるいは集団での課題に取り組む場面，定期試験で問題文を理解し解答する場面において，困難を経験しているかもしれない。とくに，自身の見解や感想を口頭で表現したり，自由形式の作文で表現したり，自身の知識や理解内容を文章で表現するような認知的負荷が大きい言語行為を要する場面で困難を経験していることが多い。一見日常の会話では日本語を流暢に話すことができる子どもでも，教室の授業では課題に取り組むにあたってさまざまな困難をかかえていたり，定期試験で解答に苦労し得点できずにいる可能性がある。他方で，授業中，コミュニケーションへの参加のあり方において困惑しているかもしれない。日本の学校の教室でのコミュニケーションへの適切な参加のあり方がわからないことから，授業中の発言を控えがちになり，周囲からは消極的な子，授業中はおとな

しい子といった評価を受ける子どもがいる一方で，教室で適切とされるコミュニケーションへの参加のあり方とは異なる発話行為を行うことで，自分勝手な子といった評価を受ける子どももいる。

　教師は，子どもの文化的差異のなかでも，日本語の運用能力やコミュニケーションへの参加のあり方をめぐる認識といった可視性の低い文化の側面に留意しつつ，子どもが教室での学びに参加できるよう対応していく必要がある。加えて，ニューカマーの子どもたちのなかには，学校生活を通じて文化的差異への対応を迫られるなかで，「できない」「遅い」といった経験を重ね，自己肯定感を低下させることもある。この点を考慮することはもちろん，かれらの個性を尊重し目を向ける機会も図っていく必要がある。なぜなら学校では，子どもが直面する文化的背景ゆえにもつ能力，知識，経験などの豊かさが評価される機会がほとんどない。たとえば，祖国の母語の運用といった能力，祖国の文化や地理歴史や宗教のような知識，祖国から日本への移動という経験や異文化での生活経験などである。しかし，評価される機会がないだけで子どもは日本で生まれ育った子どもたちとは異なる豊かさをもっている。その子どもならではの豊かさが評価の対象となるように学校としては，何らかの行事や学習活動を設けたり，個々の教師が授業を創造したりすることは可能である。その際に教師は，その子どもに自身の能力や知識，経験を開示することに対する意思を確認し，それを尊重する考慮をしなければならない。

　以上の内容を整理すると，文化的差異がニューカマーの子どもの学びの経験に及ぼす作用は，次の3点の側面に整理できる（佐藤，2010）。1点目は，教材や課題に取り組むときに生じる教育内容を理解することにかかわる認知的側面である。2点目は，教師や教室の仲間といった他者とのかかわり，学習内容について理解を深めたり他者との関係を築いたりすることにかかわる社会的側面である。3点目は，自身のアイデンティティ（自分らしさ）を形成し表明することにかかわる実存的側面である。文化的差異によって子どもは，授業内容を理解することに困難を経験しているかもしれない。あるいは，授業のコミュニケーションに参加することに苦労しているかもしれない。そして，学校生活に

おいて「できない」「遅い」といった経験の蓄積により肯定的なアイデンティティをもてなくなってしまう可能性がある。それゆえ，子どもが教室での学びに参加できるよう 3 点の側面から授業づくりを進めていく必要がある。

（4）自国の伝統や文化の理解と継承という視点から授業を考える

　世界中で起きている文化の消滅の問題を多角的に考えたり多文化共生を理解したりするためには，自国の伝統や文化を理解することも重要である。現在，若年層の日本の伝統や文化離れがみられる。外国に留学したい，海外で仕事したいと思う学生は多く，日本の武道，伝統音楽，美術文化，衣食住の歴史や文化など，伝統や文化に興味関心を示さない青少年や若者は多くみられる。いっぽうで，海外からは高い評価を受けている日本の伝統や文化であるが，日本国内では，とりわけ後継者不足の問題，技術の保存と教育などの課題がある。わが国は，これらの問題解決に向けてさまざまな取り組みを実施してきた。

　たとえば，文化庁が取り組む伝統工芸の技術保存と技術継承を目的とする「重要無形文化財保持者（人間国宝）」の認定制度である。これは，保持者の技術の鍛錬と保持だけでなく，伝統の技を後世に伝承する役割をもつ。日本工芸会は，重要無形文化保持者に認定された人々を中心に，工芸の保護と育成を目的として活動している。また，経済産業省は伝統工芸品の製造にたずさわる技術者のなかから，高度な技術・技法を保持する「伝統工芸士」の制度を設けている。これは，産地技術者を対象として，技術者の技術向上，技術習得意欲の増進を図り，技術者の確保を目的として一定の試験を実施したうえで，伝統工芸士の称号を贈る制度である。これらの認定制度は，認定による保護がなければ存続が危うくなってしまう現状の表れでもあり，今後も継続的な努力が必要である。

　どの国の伝統や文化にも，文化的遺産の特異性がある。これは，ある言語の内側（日本語であれば日本人）で生活していると，その特異性に気づきづらい。社交上の作法，毎日の儀式的な行動，1 年の特定の時期に行う活動は意識されず，当たり前のことだと思われている。この特異性は，独自の魅力，歴史，作

り手の思い，知恵があるとともに，伝統や文化を生み出した民族や国民（日本人として）の性格や特質のような人格を支えている。「礼に始まり礼に終わる」のような武道の精神やおもてなしの精神など，私たちは知らず知らずのうちに伝統や文化の影響を受けている。日本が独自に築いてきた伝統や文化が衰退するということは，世界的に注目を浴びている日本の魅力が薄れるだけでなく，日本人としての人格の形成に影響が及ぶことにもつながる。

　このような文化の衰退を食い止めるためには，文化庁や経済産業省の取り組みをより一層強化することはもちろん，学校教育の機会を通して持続可能な社会の担い手の育成を行っていくことも必要である。とりわけ，国際社会で活躍する人材の育成を図るため，わが国や郷土の伝統や文化について理解を深め，そのよさを継承・発展させるための教育の充実が重要である。たとえば，国語では，親しみやすい古文や漢文にふれることや歴史的背景に注意した古典学習である。社会では，世界文化遺産や国宝などの文化遺産を取り上げる歴史学習や身近な地域の歴史や各時代の文化学習である。音楽では，「春が来た」「ふるさと」「もみじ」などの唱歌の学習，それから民謡・長唄と和楽器（三味線や尺八など）に関する学習である。保健体育では武道の学習である。技術・家庭では地域の食材をいかした調理を通した地域の食文化や基本的な和服の着装学習などである。

　実際，日本の伝統や文化について知る前に興味関心はなかったとしても，伝統や文化に触れる機会や体験を通してそのよさ，美しさ，おもしろさなどを感じ，興味関心が芽生えることもある。はじめからそのような機会がなかったら，芽生えるはずの興味関心はそもそも生じることさえない。このように考えると，授業という場は，古典，武道，伝統音楽，美術文化，衣食住の歴史や文化など，日本の伝統や文化に関する学習を通して人生を豊かにする１つとして日本文化を愛好したり，興味関心を育成したり，そのよさを継承・発展させる場として機能する必要がある。授業を通して日本の伝統や文化を次世代へと紡いでいくのである。

演習問題

① すぐれた授業とは何か。事例「子どもの納得世界を探る授業」もふまえながら自分なりの回答を考えなさい。
② 日本の伝統や文化に関する教育（3節（4）参照）を「ナショナリズム（愛国心教育）」の観点から批判的に検討し，それを踏まえた ESD 教育のあり方を考えてみよう。
③ 持続可能な社会の実現にどのような視点で授業を構想し実施しなければならないかについて，自分なりの回答を考えなさい。

参考文献

松下佳代・京都大学高等教育研究開発推進センター編『ディープ・アクティブラーニング』勁草書房，2015年

佐伯胖『「わかる」ということの意味』岩波書店，2017年

佐伯胖・大村彰道・藤岡信勝・汐見稔幸『すぐれた授業とは何か―授業の認知科学』東京大学出版会，1989年

デイヴィット・クリスタル／斎藤兆史・三谷裕美訳『消滅する言語―人類の知的遺産をいかに守るか』中央公論新社，2004年

町田和彦『図説 世界の文字とことば』河出書房新社，2014年

Condé Nast Japan「ことばの未来：『自然言語』をめぐる冒険」WIRED Vol. 19 コンデナスト・ジャパン，2015年

金井香里『ニューカマーの子どものいる教室：教師の認知と思考』勁草書房，2012年

佐藤学（2010）『教育の方法』左右社，2010年

津波により被災した文化材の保存修復技術の構築と専門機関の連携に関するプロジェクト委員会『安定化処理：大津波被災文化財保存修復技術連携プロジェクト』光写真印刷株式会社，2014年

鈴木三八子『アンデスの染色技法:織技と組織図』紫紅社，1999年

関西学院大学博物館開設準備室『アンデスのデザイン』日本写真印刷株式会社，2012年

コ ラ ム　ESD から授業を考える―刺繍の授業

　刺繍の授業を，自国の伝統や文化について理解を深め，その良さを継承・発展させるための教育と捉えれば，授業の ESD 的転換になる。授業は，小さい頃に描いた絵（記憶にないかもしれない）を刺繍の技法を使って作品化することを通して，絵柄に命を吹き込むという内容である。

　授業の導入ではまず，刺繍の成り立ちや歴史についてふれる。たとえば，紀元前の刺繍として，アンデス文明にふれる。この文明は，文字をもたなかった。その代わりに，文様が発達し刺繍を含む染織品はそのイメージを伝達する重要な役割を果たした。太平洋海岸地帯は，染織品の材料となるアルパカやリャマのような獣毛や良質の木綿に恵まれ，紡いだ糸を編んだり，織ったり，染めたりしてさまざまな染織品がつくられた。（鈴木三八子，1999；関西学院大学博物館開設準備室，2012）。そこには当時の人々が動物を崇拝するアニミズムの宗教観がみられ，自然への畏敬の念をもちながら，豊かな想像力働かせながら生活していた様子が確認できる。まさに，アンデス独自の世界が表現されている。

　いっぽうで，こぎんや小袖，そして山車の装飾のような日本刺繍についてもふれる。たとえば，農村女性の相手をおもいやる気持ちから生み出されたこぎん（こぎん刺し）は，少しでも暖かく，風を通しにくくする保温と補強のために麻の生地の要所に木綿で刺繍を施すようになった。その後，どうせ刺繍するならば綺麗な模様にしたいと思うようになり，それを競って美しいこぎんを刺すために努力し，デザインとパターンは発展していった。

　加えて，児童生徒が身近に感じる現代刺繍の発展についてもふれる。たとえば，写真に刺繍を施す作品を製作する清川あさみ

である。また，青山悟のように，刺繍作品を通して現代的問題を提起する現代美術家もいる。彼は現代人の生活とテクノロジーとの関係性を批評し，またそれにより失われつつある人間の感受性や創造性についての問題を提起する作品を制作している。このように，さまざまな歴史的背景による経緯から発生した刺繍は，現代に受け継がれ発展してきたのである。

　展開部分では，刺繍を体験する。そこでは，「色々なステッチを使って刺繍をしてみよう」というテーマで基本的な刺繍技法を学習するとともに，自らが小さいときに描いた絵にそれらの技法を適用する活動が行われる。基本的な刺繍技法としては，基本的な線を表現する「まつり繍」「片面継ぎ針」「コーチングステッチ」，強い面を表現するための「平繍」「斜繍」，厚みをもった面を表現する「刺し繍」，そして，柔らかな表現である「菅繍」「芥子繍」まで，多様な刺繍の表現技法を実演映像や資料をみながら体験する。

　これらの準備が終わると実際に刺繍を施す活動に移る。ここでは，下絵を忠実に再現すること，作業を丁寧に行い汚れや仕上がりに注意を払うなどの条件の下，刺繍活動が行われる。作品が完成したら，出来上がった作品を円形フープにはめ込んで展示できるようにする。最後に，講評会を実施する。自らの刺繍作品の名前，いつごろ描いた絵か，アピールポイントなどを中心に各自発表し，教員や生徒から講評が行われ，授業が終了する。

　この授業は，刺繍という教材から「文化の持続可能性」を生徒に考えさせている。

第5章
教員の仕事と役割

　持続可能な社会を実現するためには，それを実現する人材の育成が不可欠である。2017年版学習指導要領の前文及び総則において「持続可能な社会の創り手」の育成が掲げられ，各教科においても関連する内容が盛り込まれることになった。教員は「持続可能な社会の構築」を意識し，そのために必要な資質・能力が子どもたちに育成されるよう教育課程，授業，教材などの改善や充実を図ることが求められている。

　また，SDGsの目標4「すべての人々に包摂的かつ公平で質の高い教育を提供し，生涯学習の機会を促進する」を達成するために，日本の初等中等教育段階では，「教育の機会均等を図るため，義務教育段階の就学援助や高校生等への修学支援に取り組む。また，子供たちが全国どこにいても一定水準の教育を受けられるようにするために，新たな時代に求められる資質・能力を育成する観点から学習指導要領を改訂，実施しそのために必要となる教員の資質能力の総合的な向上及び教職員等の指導体制の充実に取り組む」ことが示されている(1)。ここに示されている「必要となる教員の資質能力」とは一体どのようなものなのだろうか。教員は「幼児・児童・生徒の人格形成に大きな影響を及ぼす」存在であり，また，教員は子どもにとって最大の教育環境ともいわれることから，必然的に教員自身が「生きる力」ともいえる資質・能力を備えていることが求められるだろう。この章では，教員となるために基本的に把握しておきたい法令や制度などをたどりながら，教員の仕事や役割について考えてみたい。

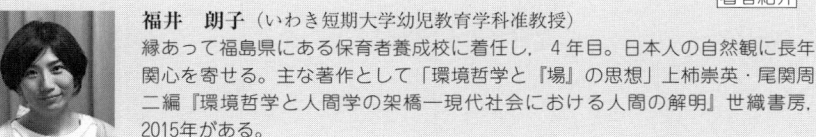

福井　朗子（いわき短期大学幼児教育学科准教授）
縁あって福島県にある保育者養成校に着任し，4年目。日本人の自然観に長年関心を寄せる。主な著作として「環境哲学と『場』の思想」上柿崇英・尾関周二編『環境哲学と人間学の架橋─現代社会における人間の解明』世織書房，2015年がある。

第1節　「教員」の仕事

（1）いろいろな呼称

　私たちは，他者を指導する立場の人を「先生」と呼んでいる。このほかに類似語として「教員」「教諭」「教師」などの言葉がある。言葉に含まれる微妙な意味のちがいを整理しながら，「先生」という仕事について考えてみたい。

　■「先生」

---

　　①学芸のすぐれた人。②自分が学問や芸などをならう人。③教師。④師匠・教師・医師。芸術家・弁護士・国会議員などを呼ぶ呼称。〔呼びかけにも使う〕⑤他人をすこしけいべつして（あなどって）言う言葉。やっこさん。「―おこりやがった」

　　　　　　　　　　　　　　　　　　　　　　出所：三省堂国語辞典

　ここからもわかるように，医師，代議士，弁護士などにも「先生」という言葉が使われており，教育の分野に限らずさまざまな分野で用いられている。しかし，「先生になる」という場合の「先生」は，一般的に医師や代議士ではなく学校教員という職業を限定している。

　■教師

　「教師」とは，「学問や技術・芸術を教える人。教員」（三省堂国語辞典）という意味であり，一般的には学校の教員をさしている。「教師」以外に「師」がつく職業として「医師」「薬剤師」「美容師」などがあり，これらの職業は法律に基づく正式な職業名となっている。いっぽう，「教師」は法定上正式な職名ではなく俗称として用いられている。先の「先生」という言葉が包括する範囲より，「教師」はもう少し限定的な意味合いで用いられているといえるだろう。

　■教員

　「**教員**」とは，「教育することを職業とする人。教師」（三省堂国語辞典），または「学校の職員として教育を行う人。教師」（岩波国語辞典）のことである。ここでの「学校」は，学校教育法で定められる**一条校**ほか，専門学校や各種学校，研修所や塾などの教育機関も含まれる。

■教育職員

　教育職員免許法において，「『教育職員』とは，学校教育法第一条に定める小学校，中学校，高等学校，中等教育学校，特別支援学校及び幼稚園の教諭，助教諭，養護教諭，養護助教諭，栄養教諭及び講師をいう」と定められている。

■教職員

　具体的には，校長，教頭，教諭，助教諭，講師，養護教諭，養護助教諭，栄養教諭，事務職員，実習助手，寄宿舎指導員，学長，副学長，教授，准教授，技術職員などがあげられる。

■教諭

　普通免許状にかかわる用語であり，教員免許状を有する幼稚園，小・中・高等学校，中等教育学校，特別支援学校の正教員を意味し，校長，副校長，教頭，助教諭，講師などとは異なる一般的な教員をさしている。

　ここまでを整理すると，「教職」とは主に「学校で教育活動に従事する教師」という職業を意味し，具体的には教育活動に直接従事する校長，副校長，教頭，主幹教諭，指導教諭，教諭，養護教諭，栄養教諭，常勤講師などを包括する職業のことを意味している。

（2）法にみる教員の種類とその役割

　学校は，教員やさまざまな職員によって教育活動が支えられている組織体でもある。教職員は職種ごとに任用され，学校の種類や規模に応じて配置される。教職員は，各学校に必ずおくべき「必置職員」，特別な事情がある場合にはおかなくてもよい「原則必置職員」，任意でおかれる「任意設置職員」の3つに分けられる。校長や教諭は必置職員であるが，教頭は原則必置職員にあたる。2007年の学校教育法の改正により，校長と教頭の間に「副校長」という新しい職位が誕生した。その職務は校長を助け校務をつかさどることに対し，教頭の職務は校務を整理し，場合によっては授業をすることもあるという点にちがいがある。

　教員の職務は，学校教育法第37条において次のように規定されている。

- ・校長は，校務をつかさどり，所属職員を監督する。
- ・副校長は，校長を助け，命を受けて校務をつかさどる。
- ・教頭は，校長及び副校長を助け，校務を整理し，及び必要に応じ児童の教育をつかさどる。
- ・主幹教諭は，校長及び副校長及び教頭を助け，命を受けて校務の一部を整理し，並びに児童の教育をつかさどる。
- ・指導教諭は，児童の教育をつかさどり，並びに教諭その他の職員に対して，教育指導の改善及び充実のために必要な指導及び助言を行う。
- ・教諭は，児童の教育をつかさどる。
- ・養護教諭は，児童の養護をつかさどる。
- ・栄養教諭は，児童の栄養の指導及び管理をつかさどる。
- ・事務職員は，事務をつかさどる。
- ・助教諭は，教諭の職務を助ける。
- ・講師は，教諭又は助教諭に準ずる職務に従事する。
- ・養護助教諭は，養護教諭の職務を助ける。

（3）教員の主な仕事

　教員の仕事の1日の流れのモデルケースを示した図5-1をみてみよう。1日の流れのなかで教員の仕事は多岐にわたるが，教員が担う業務は主に**学習指導**と**生徒指導**である。学習指導とは教科の授業を受けもつことであり，この学習指導は教員にとって最も重要な仕事として位置づけられている。教員は，授業を通して「子どもたちに，学力の重要な要素である基礎的・基本的な知識・技能を，それらを活用して課題を解決するために必要や思考力・判断力・学習意欲を身に付け」させるために，目標に沿った学習活動などを定めた指導計画の作成や教材研究や授業研究が必要となる。そのほか，教科の試験問題の作成や採点，学習評価とそれを受けての授業改善なども求められている。

　また，生徒指導も教員の重要な役割であり，学習指導とともに学校教育において重要な意義をもつものとして位置づけられている。生徒指導とは，『生徒指導提要』によると，「一人一人の児童生徒の人格を尊重し，個性の伸長を図りながら，社会的資質や行動力を高めることを目指して行われる教育活動のこ

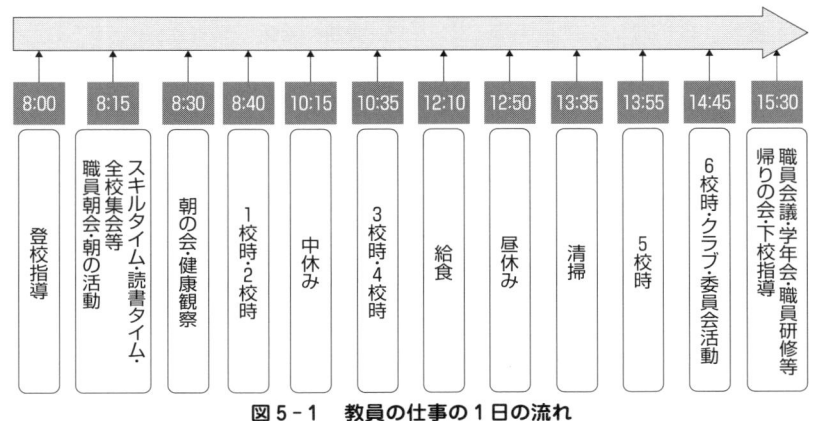

図 5 - 1　教員の仕事の 1 日の流れ

出所：文部科学省初等中等教育局教職員課『教員をめざそう』2009年

とです。すなわち，生徒指導とは，すべての児童生徒のそれぞれの人格のより
よき発達を目指すとともに，学校生活がすべての児童生徒にとって有意義で奥
深く，充実したものとなることを目指している」ものである。この生徒指導
は，休み時間，放課後，部活動や地域における体験活動の場などの学校生活の
あらゆる場面で行われる。子どもをとりまく環境が複雑で多様化するなかで，
教員はカウンセリング・マインドをベースに子どもの心に共感し，寄り添う生
徒指導を行うことが求められている。

　また，教員は校務分掌という役割も担っている。校務分掌とは，校長の責任
と指導の下に，各教員がその専門性と経験を生かしながら校務を分担すること
である。教員の仕事は学級内だけではなく学校全体に及び，学校という組織を
支え運営することも求められている。校務の具体的な内容としては，①教育課
程に基づく学習指導などの教育活動に関するもの，②学校の施設設備，教材教
具に関するもの，③文書作成処理，人事管理事務や会計事務などの学校の内部
事務に関するもの，④教育委員会などの行政機関や PTA，社会教育団体など
各種団体との連絡調整などの渉外に関するものなどがある。校務分掌は，学校
の規模や教員数，環境に応じて組織されため，学校によってその形態はさまざ
まなものとなっている。

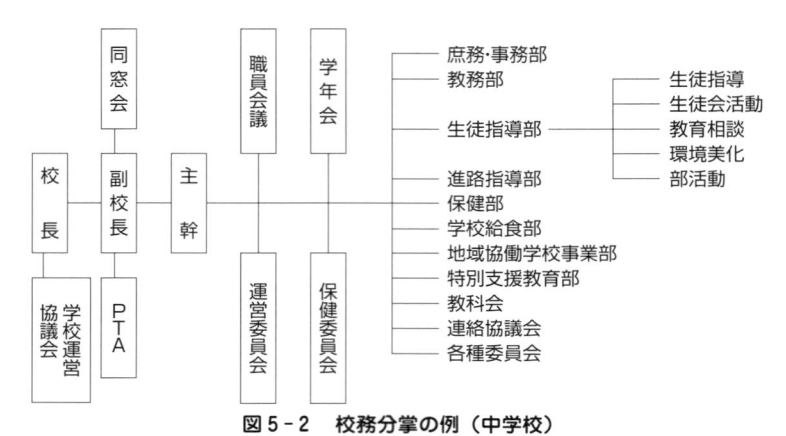

図5-2　校務分掌の例（中学校）

出所：文部科学省初等中等教育局児童生徒課『生徒指導提要』2010年

　さて，図5-1に示した教員の1日の流れのモデルケースでは，朝8時の登校指導に始まり，15時半に下校指導を最後に教員の仕事が終わるかのような内容となっている。しかし，実際には教員はこのほかに，部活動，保護者対応，地域との連携なども求められており，教員の長時間労働が深刻な問題となっている。2013年に行われたOECDによる国際教員指導環境調査（TALIS）では，日本の教員の1週当たりの勤務時間は参加国34カ国中最長である。この調査により，課外活動の指導，事務業務，授業の準備計画への時間などがほかの国と並べて長い傾向にあることが示され，日本の教員は本来の業務である授業以外の業務に追われていることが明らかとなった。また，文部科学省の調査では，「過労死ライン」とされる月80時間を越える残業をしている教員が小学校では約3割，中学校では約6割に及び，学校における働き方改革が急務となっている。教育の質の確保や教員のメンタルヘルスの面からも**教員の多忙化**や長時間労働の改善が早急に求められており，持続可能な勤務状況の確保，持続可能な学校運営の構築が急がれている。

第2節　教員の身分と義務

　戦前，教育事業は「国の事務」と位置づけられていたことから，教員は国家

公務員としての身分と待遇を得ていた。しかし，戦後になると教育は地方自治の原則により「地方の事務」となり，教員は地方公務員のなかの**教育公務員**に位置づけられるようになった。そのため，公立学校の教員は，**地方公務員**として定められている規則のほか，教育公務員として**教育公務員特例法**に定められている規則に従うことが求められている。それでは，教員に求められる規則とはどのようなものなのだろうか。教員の多くは公立学校に所属するため，ここでは公立学校の教員の義務についてみてみよう。

（1）服務の根本基準

「服務」とは，公務員がその職務に従事する際，従わなければならない義務や規律のことをさしている。そもそも，教員はなぜ服務に従わねばならないのだろうか。その根拠となるのが，**日本国憲法**第15条第2項「すべての国民は全体の奉仕者であって，一部の奉仕者ではない」との規定である。さらに，地方公務員法第30条においては，「すべての職員は，**全体の奉仕者**として公益の利益のために勤務し，職務の遂行に当たっては，全力を挙げてこれに専念しなければならない」と定められている。

そのため，公務員は「全体の奉仕者」であることを深く自覚し，憲法などの法令を遵守することを約束する服務の宣誓が義務づけられている。この服務の宣誓は，多くの学校では一般的に新卒採用教員が宣誓書に署名し，校長室などで宣誓書を読みあげるかたちで行われている。また，私立学校では，公務員と同様もしくは建学の精神をふまえた規定を定めていることも多い。そのため，教員をめざすのであれば学校の設置形態にかかわらず，服務規定をよく理解しておくことが肝要である。

地方公務員法では，服務の根本基準（第30条）に続き，8つの服務義務が規定されている。これらは職務上の義務，身分上の義務の2つに分けることができる。1つ目の職務上の義務は，職員が職務を遂行するにあたって守るべき義務であり，2つ目の身分上の義務とは，職務の内外を問わず公務員としての身分を有する限りにおいて守るべき義務のことをいう（表5-1）。

表5-1　服務義務の分類

職務上の義務: 　職員が職務遂行にあたって守るべき義務	①服務の宣誓義務　➡地公法第31条
	②法令及び上司の命令に従う義務　➡地公法第32条
	③職務専念義務　➡地公法第35条
身分上の義務: 　職務遂行上の有無にかかわらず，職員樽身 　分を有するかぎり当然守るべき義務	①信用失墜行為の禁止　➡地公法第33条
	②秘密を守る義務　➡地公法第34条
	③政治的行為の制限　➡地公法第36条
	④争議行為の禁止　➡地公法第37条
	⑤兼業・兼職の制限　➡地公法第38

　職務上の義務には，前述した①服務の宣誓，②法令や上司の職務命令に従う義務，③職務専念義務がある。身分上の義務については，①信用失墜行為の禁止，②秘密を守る義務，③政治的行為の制限，④争議行為の禁止，⑤兼業・兼職の制限の5つがある。

（2）職務上の義務

　職務上の義務とは，教員が勤務時間中に遵守しなければならない義務のことである。

　①服務の宣誓義務（地方公務員法第31条）

　公務員は採用にあたって服務の宣誓が義務となっているため，教員採用時にこの服務の宣誓を行わなければならない。

　②法令及び上司の命令に従う義務（地方公務員法第32条）

　職務中は，法令および上司の命令に従って業務を行わなければならない。「全体の奉仕者」である公務員は，憲法を「尊重し擁護する義務」（99条）をはじめ，そのほかの法令，条例や規則を尊重することを求められている。この法令および上司の命令に従う義務は，「法治国家における行政運営の基本原則」であり，「組織運営の基本原則」となっている[2]。

　③職務専念義務（地方公務員法第35条）

　教員は，その勤務時間および職務上の注意力のすべてをその職責遂行のために用い，当該地方公共団体がなすべき責を有する職務にのみ従事しなければな

らない。この義務は，先の法令および上司の職務上の命令に従う義務とならび，職務遂行上の最も基本的な義務として位置づけられている。しかしながら，その義務が免除される場合もあり，免除される事由としては休職，停職，育児休業，休日休暇，研修などがある。

（3）身分上の義務

　身分上の義務とは，職務の内外を問わず公務員としての身分を有する限りにおいて遵守すべき義務のことである。職務の内外を問わないということは，勤務時間以外の私生活もその範囲に含まれることを留意しなければならない。

　①信用失墜行為の禁止（地方公務員法第33条）

　教員は，その職の信用を傷つけ，また職員の職全体の不名誉となるような行為をしてはならないと定められている。法令違反，犯罪，公序良俗に反する行為が該当し，具体的な事例としては，児童生徒の学習評価や家庭事情などの記録を持ち出し盗まれることや，児童生徒からの徴収金の横領，職務上の体罰や暴言などがあげられる。また，職務を離れた私的な領域における飲酒運転，児童買春なども信用失墜行為にあたる。

　②秘密を守る義務（地方公務員法第34条）

　これは，教員が「職務上知り得た秘密を漏らしてはならない」ことをいい，ほかの義務が在職期間に限定されるのに対し，守秘義務については，在職中はもちろん退職後にも適用されることに十分留意しなければならない。また，違反した場合は懲戒処分の対象となるだけではなく，刑事罰が科せられることになっている。秘密とはプライバシーに関する情報に限らず，公開前の非公開情報や行政目的を喪失させるような事項も含む。具体例としては，児童生徒の家庭事情や健康診断の記録，成績，指導要録，また職員人事の情報，入学試験問題，学期試験問題などがあげられる。

　③政治的行為の制限（地方公務員法第36条）

　これは，公務員の政治的中立性を確保することを目的としている。その理由は，公務員が全体の奉仕者であることや行政の中立性と安定性の確保，政治的

影響力から保護するためである。したがって，教員は，所属する地方公共団体において政治的団体の役員に就任することや勧誘運動をすることなどが禁止されている。また，公教育を担う教員は，その職務と責任の特殊性から政治的行為の制限は国家公務員と同様に扱われる。

④争議行為の禁止（地方公務員法第37条）

教員は，ストライキやサボタージュ（怠業），そのほかの争議行為によって，地方公共団体の活動を低下させるような「企て」「その遂行を共謀し」「そそのかし」「あおる」といった違反行為をしてはならないと規定されている。公務員が地方公共団体の住民の奉仕者であることを鑑みれば，争議行為は住民の利益に大きな影響を与えかねないからである。日本国憲法においては，団結権・団体交渉権・争議権の労働三権が保障されているが（第28条），公務員にはこのうちの争議権が認められていない。

⑤兼業・兼職の制限（地方公務員法第38条）

公務員は全体の奉仕者として公共の利益のために勤務しなければならないため，営利企業に従事することを禁止されている。営利活動を通し，営利企業との間に利害関係が生じるだけではなく，その職務の公正な運営を妨げるおそれがあるからである。よって，公務員の副業は禁止されている。

しかしながら，教育公務員特例法第17条では「教育に関する他の職を兼ね，又は教育に関する他の事業若しくは事務に従事することが本務の遂行に支障がないと任命権者において認める場合には，給与を受け，又は受けないで，その職を兼ね，又はその事業若しくは事務に従事することができる」と規定されており，教育公務員の能力を活用することが公共の利益となり，かつ教員の資質向上につながる場合は特例が認められる。

（4）身分保障と処分

教員が「全体の奉仕者」としてその職務に専念するためには，その身分の保障が不可欠となる。教育基本法には，「その使命と職責の重要性にかんがみ，その身分は尊重され，待遇の適正が期せられる」と規定されている。教員は，

地方公務員法によって自らの意志による場合を除き，法令などで定められる事由以外にその意志に反して不利益な処分を受けることがないと定められている。つまり，教員は恣意的な判断によって安易に処分されないように一定の身分保障がなされているのである。

ところで，ニュースなどで公務員の「懲戒処分」の話題を耳にしたことはないだろうか。公務員の処分は，分限処分と懲戒処分の2つに分けられる。公務員が処分を受けるのはどのような場合なのかをみていこう。

分限処分とは，職員の意に反して身分上の変動をもたらす不利益処分のことであり，身分保障の限界という意味で「分限」と呼ばれる。その処分には降給，降任，休職，免職があり，職務の効率性・能率性の維持向上を目的としている。処分は，①勤務実績の不良，②心身の故障，③適格性の欠如，④廃職または過員を生じた場合に行われる。休職は，①心身の故障のため長期休養を要する場合，②刑事事件に関して起訴された場合を対象としている。また，指導が不適切だとされる教員が指導改善研修を受けても改善の兆しがみえない場合は，分限処分の対象となる。分限処分は，客観的に止むを得ない事由によるものであり，職員の道義的責任を追及するものではない。

これに対し懲戒処分は，戒告，減給，停職，免職があり，公務員としての規律・秩序の維持と回復を目的とし，義務違反への制裁としてのペナルティーである。分限処分の比べ，明らかに公務員として問題がある場合の処分である。

これまでみてきたように教員にはさまざまな服務や義務があり，それらに違反した場合には処分対象となる。具体的には，①法律・条令等の法令で定める規定に違反した場合，②職務義務違反や職務怠慢の場合，③全体の奉仕者としてふさわしくない非行の場合，懲戒処分となる[3]。

第3節　教員の研修制度

教員には，「職務とその責任の特殊性」があるといわれている。なぜならば，教員は，「教育者としての使命感，教育的愛情といった感性，学習指導・生徒指導に係る知識・教養・指導力などの専門性といった側面から不断に資質の向

上を図ること$^{(4)}$」が求められている職業だからである。

（1）教員の研修制度

　研修とは，「研究」と「修養」を合わせた言葉である。教育公務員特例法第21条では，「教育公務員は，その職責を遂行するために，絶えず研究と修養に努めなければならない」と規定されており，絶え間ない研修と修養が義務づけられている。また，同法では，「教育公務員には，研修を受ける機会が与えられなければならない」「教員は，授業に支障のない限り，本属長の承認を受けて，勤務場所を離れて研修を行うことができる」「教育公務員は，任命権者の定めるところにより，現職のままで，長期にわたる研修を受けることができる」とも明記されており，これらの条文から教育公務員にとって研修がいかに大事なものとして位置づけられているかがわかるだろう。

　また，教育基本法の改正より「法律に定める学校の教員は，自己の崇高な使命を深く自覚し，絶えず研究と修養に励み，その職責の遂行に勤めなければならない」（第9条）と示されたことで，「法律に定める学校」として私立学校の教員も資質向上を図るため「絶えず研究と修養に励」むことが求められている。

（2）研修の種類

　研修の形態は，①行政研修と呼ばれる「職務研修」，②勤務学校で行われる「校内研修」，③職務専念義務免除によって参加する「職専免研修」，④勤務時間外に自主的に行う「自主研修」の4つに分けられる。

---

①職務研修：参加者が職務として行う研修。そのため，行政研修，命令研修などとも呼ばれる。初任者研修や十年経験者研修など参加が義務付けられる指定研修も含まれ，これらに理由もなく参加を拒んだ場合は職務命令違反とみなされることがある。

②校内研修：学校の当面する課題の解決や教職員の資質の向上を目的として行われる研修。

③職専免研修:「授業に支障のない限り，本属長の承認を受けて，勤務場所を離れて研修を行うことができる」との規定に基く勤務場所以外で行う研修。
④自主研修:勤務時間外において自主的・自発的に行う研修。

■研修の実施体系

　研修の実施主体は国，都道府県や市町村の教育委員会，学校，教員個人とさまざまである。教員の経験年数別では初任者研修，中堅教育研修（経年研修），管理職研修（教頭研修，校長研修），専門分野別では教科指導や生徒指導などの研修，職能別の教務主任や生徒指導主事を対象とする研修などがある。このなかでも法律で実施が定められているのが，初任者研修と10年経験者研修である。

■初任者研修

　初任者研修は，教育公務員特例法（第23条）に基づき，新規採用された教員に対して採用の日から1年間を対象に実施される職務研修のことである。初任者研修の目的は，「実践的指導力と使命感を養う」ことと「幅広い知見を得させる」ことであり，「学級や教科・科目を担当しながらの実践的研修」となっている。校内の指導教員のもとで主に OJT（On The Job Training：職場内研修）として実施されるが，校外研修も併用して進められる。

■10年経験者研修・中堅教諭等資質向上研修

　10年経験者研修は，「個々の教員の能力，適性等に応じた研修を実施することにより，教科指導，生徒指導等，指導力の向上や得意分野づくりを促すことをねらい」としたものである。また，10年経験者研修は教育公務員特例法の改正を受け，2017年度より「中堅教諭等資質向上研修」に改められている。この研修は免許更新講習の負担と重ならないよう，その時期については弾力的な実施が求められている。

（3）教員にかかわる諸制度の課題

　ここまでみてきたように，教員は法的・社会的基盤のうえで多くの義務や制

約が課せられている。その一方で，教育公務員として安定した生活を送ることも保障されている。しかしながら，教員にかかわる諸制度を変更不可能なものとみなすのではなく，「教員も『教育制度の担い手・創り手』であることを自覚し」，改善しようという意識が必要だと思われる[5]。先にふれた学校における働き方改革についても，上からのトップダウンによる改革を待つだけではなく，個々の教員自身がよりよい職場環境を創り，働きやすい労働条件を求めていかなければ，健全な教育活動を持続可能なものとすることはできないだろう。

　また，これとは異なる視点から教員にかかわる制度に疑問を投げかけるとすれば，教員の資質向上についてがあげられる。佐藤学は，「教員の仕事が過酷さを増す一方で，信頼と尊敬が失われ，専門家としての能力を向上させる条件も劣化している」と日本の教育の質の低下に強い危機感を示している[6]。そして，日本の教員の危機の本質を教師教育（研修）の高度化と専門職化の著しい遅れにあるとする。佐藤は，専門家としての教員を育てることがむずかしくなっている理由に「多くの人々が教職を『誰にでもつとまる易しい仕事（easy work）』と見なしていること」だと指摘する。そして，「教師は教育と学びによって教師になる」ことから，質を向上すべきは教員ではなく「教師教育」であり，教員を志望する学生の学び，現職教員の学び，教員が学び育つ環境こそ改善しなければならないと主張している。次の節では，これにかかわって教員の資質能力についてみていこう。

第4節　教員の資質能力

（1）教員をとりまく資質能力

　1970年代後半から子どもの暴力やいじめ，登校拒否，学級崩壊，そして学力低下などといった教育にかかわる問題がマスメディアを中心に取り上げられるようになり，「指導力不足教員」といった言葉も取りざたされるようになった。2006年の教育基本法改正，2007年の教育職員免許法および公務員特例法の改正を受け，教員免許更新制が導入された。これは，教員に対する尊敬や信頼が揺

らぎつつあるとの問題意識から，「教師に対する揺るぎない信頼を確立する」ことを目的に，教員の資質能力をより一層高いものにするための改革の一環である。この教員養成・免許制度の改革の新たな動きとして教員免許更新制の導入のほか，2008年に教職課程のなかに新たな必修科目として「教職実践演習」が導入され，「教職大学院」が設置されるに至っている。新設された「教職実践演習」は，「教職に関する科目」として付加されたものであり，「教員としての必要な知識技能を習得したことを確認する」科目となっている。また，教職大学院は，実践的な指導力を備えた新人教員の養成と現職教員を対象にスクールリーダーの育成を担うことを目的して設置されている。

■教員免許更新制

2007年に教育職員免許法が改正され，教員免許更新制は1年間の試行期間を経て2009年度から導入された。これによって，100年以上にわたって終身有効とされていた免許制度は抜本的に見直されることとなった。

文部科学省によると，教員免許更新制の目的は「その時々で求められる教員として必要な資質能力が保持されるよう，定期的に最新の知識技能を身に付けることで，教員が自信と誇りを持って教壇に立ち，社会の尊敬と信頼を得ることを目指すもの」である。

これにより，①教員免許状の有効期間は10年間となり，免許状更新講習を修了することで更新され，②更新ができない場合は免許状が失効することになる。更新講習は，①必修領域講習（6時間以上），②選択必修領域講習（6時間以上），③選択領域講習（18時間以上），あわせて30時間以上受講・修了することが求められている。管理職は受講を免除されるが，私立学校の教員も含めた現職教員が対象であり，認定こども園の職員は勤務先が幼保連携型か幼稚園型であれば対象となる。

■指導改善研修

指導力不足教員についてはこれまでも分限処分などで対応してきたが，2007年の教育公務員特例法の改正により，任命権者である教育委員会が「指導が不適切」と認定した教員には，「指導改善研修」の実施が義務づけられるように

なった。「指導が不適切である」という定義は、「知識、技術、指導方法その他教員として求められる資質、能力に課題があるため、日常的に児童等への指導を行わせることが適当ではない教諭等のうち、研修によって指導の改善が見込まれる者」であり、「直ちに後述する分限処分等の対象とはならない者」である。期間については原則1年以内であるが、とくに必要があると認められる場合には2年以内まで延長することができる。

（2）教員の資質・能力のとらえ方

　研修制度は教員の資質向上を促すものであるが、そもそも教師に求められる資質能力とは一体どのようなものなのだろうか。

　1996年、中央教育審議会の「21世紀を展望した我が国の教育の在り方について」の答申のなかで、「変化の激しい、先行き不透明な、厳しい時代」を向かえるにあたり、「生きる力」を育むことが提唱された。それを受けて、学校教育は大きく転換し、「総合的な学習の時間」が創設されるに至っている。この大きな変動に伴い、1997年の教育職員養成審議会第1次答申等において、教員に求められる資質能力は次のように示されている。

①いつの時代にも求められる資質能力：教育者としての使命感、人間の成長・発達についての深い理解、幼児・児童・生徒に対する教育的愛情、教科等に関する専門的知識、広く豊かな教養、これらを基盤とした実践的指導力等

②今後特に求められる資質能力：地球的視野に立って行動するための資質能力（地球、国家、人間等に関する適切な理解、豊かな人間性、国際社会で必要とされる基本的資質能力）、変化の時代を生きる社会人に求められる資質能力（課題探求能力等に関わるもの、人間関係に関わるもの、社会の変化に適応するための知識及び技術）、教員の職務から必然的に求められる資質能力（幼児・児童・生徒や教育の在り方に関する適切な理解、教職に対する愛着、誇り、一体感、教科指導、生徒指導等のための知識、技能及び態度）

③得意分野を持つ個性豊かな教員：画一的な教員像を求めることは避け、生涯にわたり資質能力の向上を図るという前提に立って、全教員に共通に求められる基礎的・基本的な資質能力を確保するとともに、積極的に各人の得意分野づくりや個性の伸長を図ることが大切であること

　また，2012年の中央教育審議会答申「教職生活の全体を通じた教員の資質能力の総合的な向上方策について」において，「これからの教員に求められる資質能力」は次のように示されている。

①教職に対する責任感，探求力，教職生活全体を通じて自主的に学び続ける力（使命感や責任感，教育的愛情）
②専門職として高度な知識
・教科や教職に関する高度な専門的知識（グローバル化，情報化，特別支援教育その他の新たな課題に対応できる知識・技能を含む）
・新たな学びを展開できる実践的指導力（基礎的・基本的な知識・技能の習得に加えて思考力・判断力・表現力等を育成するため，知識・技能を活用する学習活動や課題探求型の学習，協働的学びなどをデザインできる指導力）
③総合的な人間力（豊かな人間性や社会性，コミュニケーション力，同僚とチームで対応する力，地域や社会の多様な組織等と連携・協働できる力）

　「これらの教員に求められる資質能力」を「教職生活全体」を通じて高めるために，教員は学び続けることが不可欠であるとされている。複雑化する社会に対応するために「学び続ける教師像」という新たな教師像が示されたのである。

第5節　学び続ける教員像

　SDGs で示された17の目標の特徴の1つに不可分性があげられる。それは，たとえば，飢餓ゼロを達成するためには気候変動への対策や平和を確保しなればならない，すべての人に教育を提供しなければジェンダーの平等は実現しない，というように17の目標は互いに関連しあっているため総合的に取り組む必要があるということである。そのなかでもとくに教育は，SDGs の17の目標すべてと結びついており，重要な役割を担っている。

　SDGs が持続可能な社会を達成するための目標であるならば，ESD は Education for SDGs と言い換えることもできるだろう。ESD で扱う内容は，人権，ジェンダー，平等，平和，環境などきわめて多岐にわたる。すべての子どもたちが持続可能な社会を構築するための知識とスキルを獲得できるよう，教員自

身が広い視野をもち，自ら学びを深める姿勢をもつ必要がある。

　さて，「生きる力」をより具体化した新しい学力観として，①生きて働く「知識・技能」，②未知の状況にも対応できる「思考力・判断力・表現力等」，③学びを人生に生かそうとする「学びに向かう力・人間性等」が示された。この資質・能力の育成するために新学習指導要領では，**主体的・対話的で深い学び（アクティブ・ラーニング）** による教育の改善と充実が求められている。この学びを充実させるためには，まず何よりも教員に主体性が求められる。教員教育の質の向上こそが教員の資質向上につながるとの視点からみれば，教員養成や教員研修も教員としての「型」を教えるだけではなく，教員一人ひとりの主体的な学びを支援するような内容へと変わる必要がある。

　また，アクティブ・ラーニングの視点にたった教科指導等における ICT の効果的な活用もうたわれている。このアクティブ・ラーニングと併せて「**カリキュラム・マネジメント**[7]」も重視されており，教育課程に基づく教育活動の質を向上させ学習の効果の最大化を図ることを通して，3つの柱を子どもたちに総合的にバランスよく育んでいくことがめざされている。ESD は，課題の発見と解決に向けたアクティブ・ラーニングを実践するものとして効果的であるといわれている。さらに，地域などと連携しながら学際的で包括的な取り組みを目標とする ESD の編成プロセスは，カリキュラム・マネジメントの実践につながるものとしても期待されている。

　教員は，学級経営や幼児・児童生徒理解等に必要な力に加え，カリキュラム・マネジメントのために必要な力，アクティブ・ラーニングの視点から学習・指導方法を改善していくために必要な力，学習評価の改善に必要な力などが求められることになった。そのためにも，教員は社会の変化を見据えながら，子どもたちにこれからの時代に必要な資質・能力を育めるよう，研修や自己研鑽などを通じ自身の資質向上を図っていく必要がある。その一方で，教育の質の持続可能性を求めて「教員の多忙化」を解消し，教員一人ひとりの力量が発揮されるよう環境を整備することも重要である。

演習問題
① 教員の仕事にはどのようなものがあるだろうか，書き出してみよう。
② 10年後，20年後の教員にはどのような資質能力が求められるだろうか，そう考えた理由
　とともに話し合ってみよう。
③ SDGs（持続可能な開発目標）に関する学習会やイベントを調べてみよう。

参考文献

五島敦子・関口知子編『未来をつくる教育 ESD』明石書店，2017年
石村卓也・伊藤朋子著『教職のしくみと教育のしくみ―教育制度論』晃洋書房，2018年
佐藤晴雄監修／学校運営実務研究所編集『新教育法規解体新書』東洋館出版社，2014年
梨本加菜・稲川英嗣『生涯学習時代の教職論』樹村房，2018年
佐藤晴雄『教職概論　第 5 次改訂版』学陽書房，2018年
大山徹哉・太田光洋編著『教職論―保育者・教師の仕事をつかむ』ミネルヴァ書房，2017年
広岡義之編著『はじめて学ぶ教職論』ミネルヴァ書房，2017年
羽田積男・関川悦雄編『Next 教科書シリーズ　現代教職論』弘文堂，2016年
井藤元編『ワークで学ぶ教職概論』ナカニシヤ出版，2017年
小玉敏也・鈴木敏正・降旗信一編著『持続可能な未来のための教育制度論』学文社，2018年
佐藤学『専門家としての教師を育てる』岩波書店，2015年
多賀一郎・苫野一徳『問い続ける教師―教育の哲学×教師の哲学』学事出版，2017年
外務省『日本 持続可能な開発目標（SDGs）実施指針』2017年

注
（1） 外務省『日本 持続可能な開発目標（SDGs）実施指針』2017年，10頁。
（2） 石村卓也・伊藤朋子著『教職のしくみと教育のしくみ―教育制度論』晃洋書房，2018
　　年，100頁。
（3） 文部科学省のウェブサイト上にある「教育職員に係る懲戒処分等の状況について」に
　　よると，懲戒処分を受けた事例には，当事者責任の交通事故，飲酒運転，体罰，わいせつ
　　行為，公費の不正執行，国旗掲揚・校歌斉唱に係る職務命令違反，個人情報の喪失・漏洩
　　などがあげられている。
（4） 佐藤晴雄監修／学校運営実務研究所編集『新教育法規解体新書』東洋館出版社，2014
　　年，202頁。
（5） 小玉敏也「教員からみた教育制度改革の課題」小玉敏也・鈴木敏正・降旗信一編著
　　『持続可能な未来のための教育制度論』学文社，2018年，58頁。
（6） 佐藤学『専門家としての教師を育てる』岩波書店，2015年，1 頁。
（7） カリキュラム・マネジメントとは，「子供たちの姿や地域の実情等を踏まえて，各学校
　　が設定する学校教育目標を実現するために，教育課程に基づき組織的かつ計画的に教育課
　　程の質の向上を図っていくことを目指すもの」である。

コラム 教員の多忙化

文部科学省は，平成28年度，平成29年度と2年にわたり，教員の勤務実態調査を行っている。その調査結果からみえてきたのは，小学校教諭の約3割，中学校教諭の約6割が，厚生労働省が過労死の労災認定基準としている勤務時間数に上っているという驚くべき事実であった。

また，昭和41年度の教員の残業時間が月平均およそ8時間だったのに対し，平成18年度はおよそ42時間と5倍以上に増えていることもわかった。残業時間が増えた背景には，特別な支援が求められる生徒や外国人生徒の増加，不登校やいじめ，虐待への対応など学校現場が抱える課題が多岐にわたっていることがあげられる。

平成25年に行われたOECD国際教員指導環境調査（TALIS）では，日本の教員の1週間当たりの勤務時間が参加国34カ国中で最も長く，参加国平均が38.3時間であったのに対し日本は53.9時間と平均を15時間も上回っていることが判明した。この調査結果においてとくに興味深いのは，日本は授業時間については参加国の平均と同程度であるものの，課外活動の指導時間は参加国平均の3倍以上ととくに長いということである。また，事務業務も参加国平均の約2倍となっており，これらのデータから日本の教員は，本来の仕事である学習指導以外の仕事に追われているということがみえてくる。

この教員の多忙化が，近年の教員採用試験の倍率の低下や教育学部の志望者数の減少にもつながっていると考えられている。1990年代には学級崩壊が，2000年代にはモンスターペアレントが報道などにより話題になったことで，教職は敬遠されるようになった。しかし，2008年のリーマン・ショック以降，教員の人気は一時盛り返したが，教員＝ブラックというイメージが広がるにつれ，教職は若者には魅力的なものとして映らなくなってきている。

この「教職のブラック化」が社会問題となるなかで，学校における働き方改革が急務となっている。各自治体は，この状況を打開すべく，時間管理を中心として教員の多忙感の解消に乗り出している。

学校の働き方改革の鍵を握るのが，給特法（公立学校教育職員の給与等に関する特別措置法）である。この法律によって，教員の給与はその勤務の特殊性から一般公務員より一割程度高く俸給が支払われる反面，超過勤務手当は支給されないことになった。しかし，現在では教員の給与の優位性は失われているにもかかわらず，超過勤務手当は支払わないとしたこの給特法の存在が，教職のブラック化につながっていると指摘されている。

「小さな政府」路線において教育予算が削られている一方で，学校や教員の仕事は増加している。また，教員の働き方改革が進められる一方で，給特法は改正されず，残業代を支払うための財源は確保されていない。まさに，「少ない教育予算と高まるサービス要求のなかで多くの教員が苦しんでいる」のが「教員の多忙化」の実態なのではないだろうか。

参考文献：内田良・大内弘和・岡崎勝「麻痺する教育現場から問い直す」『現代思想5月号　教育は変わるか』青土社，2019年

第6章
地域社会と学校・教員

　日本では，「社会で生きていく知識」を得るという建前のもと一定の機能を家庭・地域から学校に「任される」という関係が長らく続いてきた。それは，戦前・戦中の国家主義の教育体制の完遂で強固となり，戦後に学制や教育内容の抜本的転換がみられてもこの関係は変わらなかった。いっぽう，戦後民主主義を教育現場で実現すべく「地域教育計画」「地域に根差した学校づくり」など，保護者，住民を学校教育へ参画させる試みも行われてきた。

　高度経済成長後の社会構造の転換は，地域および家庭の教育機能を衰退させていった。度重なる上からの教育改革は，地域・家庭は教育政策を忠実に実行する学校との協力関係を深めることが求められている。いっぽう，人口減少による自市町村の消滅への危機感が広がり，地域社会の維持のため子どもや子育て家庭からの支持が不可欠となり，地域と学校が一体となって教育資源の充実に取り組まざるをえなくなっている。公立学校に設置が義務づけられたコミュニティ・スクールは，地域・家庭の「学校化」促進か，地域でのあらゆる子ども，子育て家庭を支える機能を充実させるかの二面性をはらんでいる。これからの教師には子どもや家庭，住民の多様性を前提にしつつ地域の実情に即した教育実践や学校づくりへ不断の試行錯誤を継続することが求められる。

|著者紹介|

　井上　大樹（札幌学院大学人文学部准教授）
　専門は教育学，保育学。次世代育成サイクルの再生の視点から地域教育を研究。主に，子どもの成長を長期で見通せる小学校教員・保育士の養成，地方創生で効果的な子ども・子育て支援について，それぞれの取り組みを「市民（主権者）の学び」の視点で分析する研究。近著は「小学校の教育の課程と方法—毎日の授業を『こどもの時間』に」降旗信一・鈴木敏正編著『教育の課程と方法』（学文社，2017年）。

第1節　学校と地域の関係の変遷

（1）学校に介入するという発想がなかった時代

　学校と家庭・地域の連携は日本の学校教育における長年の課題である。古く，1872年に学制が整備されてからしばらくは，義務教育として整備された尋常小学校を「一家の働き手（児童）を奪うもの」として一揆の標的にもされたほど，地域から恨みを買うことはあっても感謝されることは少ないといわれてきた。ただ，ほかの列強国に追いつくことが当時の政府の生命線であり，国民皆兵を実現するためにも国民皆学の実現は必須事項であった。いっぽう，江戸時代までの身分の多くが撤廃され，立身出世の機会として学校教育の必要性が国民に浸透するにつれ[1]状況が変わった。1910年ごろには男女ともに義務教育である**尋常小学校**の就学率は100％近くまでに達した。大日本帝国憲法下の教育は唯一の主権者である天皇が記したとされる「**教育勅語**」のもと，子どもたちは基本的な読み書き，計算や一般的道徳のみならず「お国のために」命をも賭す精神性を叩き込まれた。この教育に対して家庭や地域から「口をはさむ」ことは天皇（がお示しになった教育方針）に逆らうことと同義とみなされ，許されることではなかった。

　やがて，学校が地域にあたり前に存在するものになるにつれ，教師の権威性は第二次世界大戦前に限らず戦後もしばらくの間は子どもの教育の前提とされてきた。自分の子どもが教師に叱られて帰ってきて文句を言っても言い分を聞くことなく「教師が正しい」とまた叱られたというエピソードを当たり前にもっている世代から上の人々にとって，長年，**学校と家庭・地域の関係**は教師の権威によって上下がはっきりしている状態で安定していた。

　制度上は戦後教育改革によって，日本国憲法第26条に定められた**教育を受ける権利**を保障するため，旧教育基本法は「**個人の自発的精神の尊重**」と「**学問の自由の尊重**」という戦前にはなかった考え方を明記し，教育政策の基本方針を提示した。1948年度成立の教育委員会法により，公教育は地方自治体の教育委員会の手に委ねられ（**地方自治及び教育行政の独立**），教育委員は選挙によって選ばれるようになった（**教育委員公選制**）。同時期に組織化が進んだPTA[2]

は，家庭と学校の相互協力，つまり対等な関係によって青少年の健全育成を図ることが目的とされた。しかし，戦前でもみられた「後援会」のような学校への支援・協力が専らの活動になり，**「学校のことは学校で」**という意識が保護者や住民の多くからは抜けきらなかった。なお，教育委員公選制は1956年の地方教育行政の組織及び運営に関する法律（以下，地教行法）によって廃止された。

（2）地域・家庭の教育機能の衰退と学校

　この関係が大きく変わるのは1970年代からである。地域のつながりが希薄化し，家庭のありようが多様化するなか，「学校に家庭・地域が協力する」構図が崩れる地域が増えてきた。しかし，1960年代から進行する**教育の現代化と画一化**によって，学校教育に熱心に協力すればするほど（子どもたちがよく学べば学ぶほど），進学や就職でより早い年齢で地域を出ることになった。社会構造の問題とはいえ，学校教育が**「地域を捨てる学力」**に傾倒するにつれ，地域との距離が広がるのはいわば必然でもあった。そこで，国として，家庭教育および地域教育を再興すべく，家庭教育（に資する活動）の振興，地域ぐるみの青少年健全育成の推進などを，ときに教育行政の枠を超えて展開してきた。

　ただ，社会構造の大きな変化のもとでは学校と地域の関係の希薄化を押しとどめることはできなかった。21世紀に入り絶えることのない「教育改革」ラッシュとともに，国は「学校」側から地域との連携強化の糸口をさぐった。それが**「開かれた学校」**づくりである。まずは**「学社連携」「学社融合」**と社会教育施設や団体の協力関係の構築が推進される。とくに2002年度から始まった学校週5日制（完全施行）により，土曜日の児童生徒の健全な活動の場として子ども会育成会など社会教育関係団体が積極的に活用される。

　いっぽうで，学校と地域の関係づくりを草の根や社会教育から働きかける試みも各地でみられた。1992年に岸裕司を中心に立ち上げられた「秋津コミュニティ」（千葉県習志野市）の取り組みは，地域の小学校の支援にとどまらず，地域づくりとして家庭と地域のつながりの復権も視野に入れた「学校と地域社会の融合」という意味の「学社融合」であった。この考え方は1997年「学校と地

域の融合教育研究会（融合研）」の発足によって全国に広がっている。「秋津コ
ミュニティ」をはじめ，これらの取り組みの特徴として PTA 活動では実質的
にかかわることの少ない父親が参加者層の中心であることがあげられる。

（3）教育基本法改正による学校・家庭・地域の一体化

しかし，これらも首都圏大都市部以外の人口減少および少子高齢化の進行に
伴う青少年向け社会教育事業や団体の縮小・解散，家庭の子育て戦略の個別化
の進行に伴う民間教育事業者（習い事を含む）への傾倒により，地域と子ども
の関係はより一層遠いものとなった。さらに，子ども数の減少に加え行政合理
化，さらには学力向上や社会性のため集団規模維持を求める保護者の声なども
あり，学校統廃合が進んだ。その結果，「おらが学校」がない集落が増え，小
学校や中学校は自治体で1つということも珍しくなくなり，地域と学校の距離
感がさらに遠いものになった。現在，子どもの教育は学校と家庭，家庭が委託
した民間事業者の三者が主要な構成といってもいいのが現状である。

2006年改正の教育基本法では第13条に**学校，家庭および地域住民等の相互の
連携協力**が規定された。これを受けて文科省は，学校支援地域本部（2008〜
2016年度）を推進した。**学校地域支援本部**は，従来の組織の連携（学校，PTA，
町内会・自治会）ではなく，学校・家庭・地域が一体になっての具体的な事業
を展開することをめざしている。

（4）学校・家庭・地域の関係変化の要因

このように学校・家庭・地域の関係の歴史を紐解くと，単純にこの三者の関
係が希薄化しただけではなく，政策としては学校への協力をより具体的に家庭
や地域に求める関係が確立されつつあることもみえてくる（表6-1参照）。

一部では，教師が保護者や住民と共同し「地域に根差した学校」づくりが展
開されている。総じて「地域が学校へ協力する」という一方的な性質は変わる
ことなく，地域教育の弱体化によって学校教育の機能が肥大化し，**学校が地域
教育のコーディネートを担う**までに至ったのである。

表 6-1　日本における学校と地域の関係

年　　代	学校と地域の関係	関連事項
戦前・戦中 （～1945）	学校（国家のための教育）に地域は奉仕	近代学校の整備，教育勅語
「新教育体制」づくり （1946～1970ごろ）	学校に地域は協力（対等だが口は出さない）	戦後教育改革，教育委員公選制の実施と廃止，PTA の組織化
低成長・バブル経済 （1970～1990ごろ）	地域社会の弱体化とともに希薄化	教育の現代化と学歴社会の浸透
教育改革ラッシュ （1990年代以降）	政策主導による再編	学社連携，学社融合，教育基本法改正，学校地域支援本部，コミュニティ・スクール

出所：筆者作成

第 2 節　コミュニティ・スクールが提起する学校と地域の関係とは

（1）コミュニティ・スクールの仕組み

　地教行法の改正が行われ，2017年度より市町村立および都道府県立のすべての幼稚園，小学校，中学校，高校（小中一貫校，中高一貫校を含む）にコミュニティ・スクール（学校運営協議会：以下，CS）設置が義務化された。

　CS とは，地域の 1 つの学校及び複数の学校について保護者や地域住民の代表が参加し，学校運営や必要な支援について協議する機関である[5]。基本的な方針から学校支援ボランティアの件など具体的な事項まで協議が可能である。注目すべきは，各学校ではなく教育委員会が設置すること，教職員の任用に関する意見についても反映されるルートを明示したことである。

　それまでも「開かれた学校」づくりの一環として学校の外部の声を聴く場として「学校評議員制度」が2005年度より施行されていた。「学校評議員制度」と CS（学校運営協議会制度）は何がちがうのか。表 6-2 によると根本的な機能がちがうことが一目瞭然である。

　ここからいえることとして，**学校評議員**は「校長が推薦した委員が校長の求めに応じ個人として意見を言う」存在であり，学校もしくは校長へのアドバイザーの域を出ないものであったといえる。CS では，学校設置者である教育委員会が運営協議会を設置し，教育委員会が任命した委員が学校運営や教職員人事（任用を含む）に関与し意見が反映されるルートまで明示されている。よっ

表 6 - 2　「学校評議員」と CS の比較

	「学校評議員」	「学校運営協議会」
性　格	・校長の求めに応じ，学校運営に関し意見を述べる。	・校長および教育委員会が行う学校運営や教職員人事に一定の権限をもって関与する合議制の機関。
任命等	・校長の推薦により，設置者が委嘱	・設置者が定める規則に基づいて設置者が任命
任　務	・校長の求めに応じ，個人として意見を述べる。 （学校運営に関して何らかの拘束力や制約のある決定などを行うものではない。）	・校長及び教育委員会が行う学校運営や教職員人事について関与する。 例） ・校長が作成する学校運営の基本的な方針について承認 ・当該学校の職員の採用その他の人事について意見

出所：文部科学省ウェブサイト http://www.mext.go.jp/a_menu/shotou/community/

て，CS は制度設計としては，保護者や地域の声を代弁できる人が委員に任命されればという条件つきではあるが，**地域の「学校参画」への道を開いた**といえる。

（2）コミュニティ・スクール導入状況

　CS については2004年 9 月から設置が始まり，法律改正前年度の2016年度には2806校に増えている。第 2 期教育振興基本計画（2013年 6 月14日閣議決定）において，CS を全公立小・中学校の 1 割（約3000校）に拡大するとの推進目標をたてた。中央教育審議会（2015年12月21日）では，「全ての公立学校が CS を目指すべきであり，教育委員会が積極的に設置の推進に努めていくような制度的位置づけの見直しを検討すべきである」旨が提言された。これを受け，文部科学省では，『「次世代の学校・地域」創生プラン』を公表（2016年 1 月25日）し，CS のさらなる推進を図った。

　その後，2017年度には3600校，2018年度には5432校となり，設置が義務化されてから 2 倍近くに達している（図 6 - 2）。いっぽうで校種ごとの設置状況では，義務教育学校（小中一貫校）が設置率約 5 割と突出している。これは，小中一貫教育の推進にあたり，CS を工夫して活用することが効果的であることが文部科学省から発表された影響があると考えられる[6]。以前国からの推進

があった小中学校が約16％，
高校と特別支援学校が約10％
である。なお，すべての公立
校に設置している自治体には
小規模町村ばかり並ぶイメー
ジがあるかもしれないが，政
令指定都市でも京都市
（89.8％），岡山市（86.0％）
と大半の市立高（園）に設置
している場合もある。都道府
県別では全体で5％を切る県

表6-3　2018年度コミュニティ・スクール設置校数と設置率

校　　種	設置校（園）	対象校（園）	設置率
幼稚園	147	4,375	3.4％
小学校	3,265	19,428	16.8％
中学校	1,492	9,341	16.0％
義務教育学校	39	80	48.8％
中等教育学校	1	31	3.2％
高等学校	382	3,473	11.0％
特別支援学校	106	972	10.9％
計	5,432	37,700	14.4％

注：幼稚園に幼保連携型認定こども園を含む／対象校数は分校を含まず

も多いなか，山口県の小中学校は100％，和歌山県の県立校（高校，特別支援学校）も100％を達成している。CS は国（文部科学省）の強力な推進にもかかわらず，教育委員会によって導入状況に大きな差があるのが現状である。

（3）コミュニティ・スクールの可能性と課題

　CS 本格化に伴い設置の加速化はある程度進んでいる。ただ，これまでも学校と地域のつながりが十分にあるところから CS が設置されているのであれば，それは「CS は学校や地域教育の活性化に寄与した」とはいえない。いっぽうで，地域での子育て活動に積極的な市町村でも設置が見送られている場合もみられ，**既存の地域教育と CS の整合性**も検討課題である。

　また，今回の法制度の改正で明記された教育委員会への人事，予算への発言権について，設置されている CS ではどれだけ保障されているか。この点が地域の学校参画を進め，「学校をつくる地域」への足掛かりになると考える。家庭の子育ての個別化が都市や農村の区別なく進行しつつある現在，家庭や住民を結びつけるようにして地域のつながりを取り戻す取り組みを新たに起こすのはかなりむずかしい。

　学校と地域のつながりをつくり，維持している地域では，「地域のなかの学

校」から学校を地域づくりの拠点にしようという発想がある。しかし，行政主導の推進からは，学校参画の可能性が広がる CS の本格的展開の趣旨が十分に伝わっていない。考えられる要因として，教育基本法（2006年全面改正）下では，家庭や地域は学校の協力者としての位置づけにとどまっているからと考えられる。幼児教育や大学にも教育無償化を広げる政策が実現の日の目をみる今，これらに必要な社会的資源投入への理解を広げるためにも学校参画の視点は欠くことはできない。その最も身近な場が，新生 CS であると筆者は考える。

（4）地方創生と地域教育

2017・2018年版学習指導要領の柱の1つとして「**社会に開かれた教育課程**」が掲げられた。学校内外において子どもたちが「何を学ぶのか」について，そのねらいや生きるために必要な資質・能力との関連を含めて，学校と地域社会は共有し，連携して実現に努めることとされた。つまり，学習指導要領の学び（究極の目標は教育基本法第2条に明記）を学校のみならず地域社会に対しても学校への協力，学校外活動の展開を通じて求められているといえる。

地域教育や子育て環境の改善には社会的資源（ヒト・モノ・カネなど）の不足の解消が喫緊の課題であり，各自治体内における合意が求められる。これまでは町村部を中心に子育て世代が少数派としてまちづくりを担うことは限られていた。いっぽう，昨今の学力問題への世論の注目や地方創生総合戦略による子育て支援の重要性の住民理解の進展により，学校教育の問題は家庭に子どもがいる，いないに関係なく地域の大人の共有できる話題になりうる。

地方創生総合戦略（2015年〜）は人口減少社会でも地域の「創意工夫」で持続可能な経済や社会づくりを推進するための国の総合政策である。この柱として「人口減少社会への対応」（できる限りの手段で人口減少を食い止める）が明記されたことで，まちづくりに子育て支援の重視が必須事項になった点は画期的である。

こうして，地域づくりの面からも学校と地域の連携による教育の質的向上が必須事項となり，「地域をつくる学校」であり「学校をつくる地域」でもある

ことがトップダウン（国の政策転換），ボトムアップ（住民である子どもや子育て家庭）の双方から求められるようになった。

第3節　子どもが豊かに育つ地域と学校の連携とは

　CS は学校教育への参画の可能性を広げる制度ではあるが，魂（中身）を込めるのはこれまでの地域と学校の連携であることが明らかになった。それでは，子どもが豊かに育つ地域と学校の連携とはどういうものか，2つの事例から具体的に考えることとする。

（1）大人たちの協力で地域参画が広がる—北海道浦幌町

　北海道浦幌町は，典型的な過疎自治体の1つである。最も栄えていた1960年ごろには，約1万4000人の人口と小学校22校，中学校16校，高校1校（北海道立）があった。それが，2013年には人口はすでに6000人を割り，小学校2校，中学校2校まで減り，高校は閉校に追い込まれた。高校閉校がとりざたされたあたりから，地域の危機感が急速に高まった。

　そこで，Iターン住民の近江正隆氏が「日本のうらほろ」を立ち上げ，2007年度に浦幌中学校で「まちづくり企画立案学習」を実施したのが「うらほろスタイル教育」[7]のはじまりである。その後2008年度に浦幌町，町教育委員会，NPO 法人「日本のうらほろ」の三者で「うらほろスタイル推進地域協議会」を立ち上げる。このころの主要な事業は，①地域へ愛着を育む事業，②農村つながり体験事業，③子どもの想い実現事業である。これらの事業の結果，地元の子どもたちの地域への愛着や永住希望が増えたものの，若者の雇用の場が決定的に不足している問題に直面する。その後，PTA や産業団体などと協力関係を深め，④若者しごと創造事業を2013年に立ち上げ，ハマナスの栽培と関連商品の事業化が試みられている。また，町内在住の高校生が地域とのかかわりを求め「浦幌部」（高校生つながり発展事業）を立ち上げるに至る。また，近隣の大学生や地域おこし協力隊など若者の出番も重視している。これら一連の「うらほろスタイル」の取り組みは，地方創生の先進事例として国が取り上げ，

町外からの視察が続々とやって来るほど，「**学校を核とした地域づくり**」として全国的にも注目されている。

「うらほろスタイル」の取り組みの特徴は，住民・行政・学校の綿密な連携のもと，子どもたちと地域との関係が飛躍的に豊かになることである。現在，①地域へ愛着を育む事業ではふるさとへの愛着・誇りを感じ，将来の生き方に結ぶべく，学校などでの「ふるさと学習」や「キャリア教育」を9年間通して行っている。②農村つながり体験事業では，農業の大切さや地域の大人たちとの心のつながりづくりなどを目的に，小学5年で農林漁家での生活体験（民泊）を行っている。この2つの事業によって地域を学ぶ9年間の教育課程がつくられた。2015年度から2校ずつの**小中学校が一貫校**になるとともに，一貫校ごとに CS が立ち上がった。これらの一貫校の特色あるカリキュラムの核はこの2つの事業である。

もう1つは，子どもからの発信を受け止め，大人が実現するという独特の地域参画スタイルである。③子どもの想い実現事業は，「地域へ愛着を育む事業」で学んだ成果を中学3年で町長への政策提言で町民へ発表される，この内容を大人たちが実現に奔走するという事業である。この事業は教育の枠を超え，学んだことを地域参画に活かす，子どもの切実な声を大人たちが地域総出で叶えるという他市町村にはほとんどない事業である。この提言で地元食材を活用した弁当やスイーツ，地域キャラクターの誕生，新しいイベントが生み出された。なお，この事業の進捗・成果報告を成人式で実施しており，子どもの声に対する大人たちの「説明責任」まできちんと果たされている。政策提言発表会は町民なら誰でも主席でき，生徒の説得力ある内容に圧され地域づくりを自分たちの問題として考える契機にもなっている。

また，人口減少対策で「高校をつくろう」と提案した生徒たちから先述の「浦幌部」が立ち上がった。提言した内容を自分たちで手がけたいと，地域おこし協力隊の若者たちのサポートを受けながら，浦幌産の食材を使用したピザの販売などに挑戦たり，キャリア探究にも取り組んでいる。若者グループが生き方を考えながら地域づくりに取り組んでいる姿は現代風の青年団といえる。

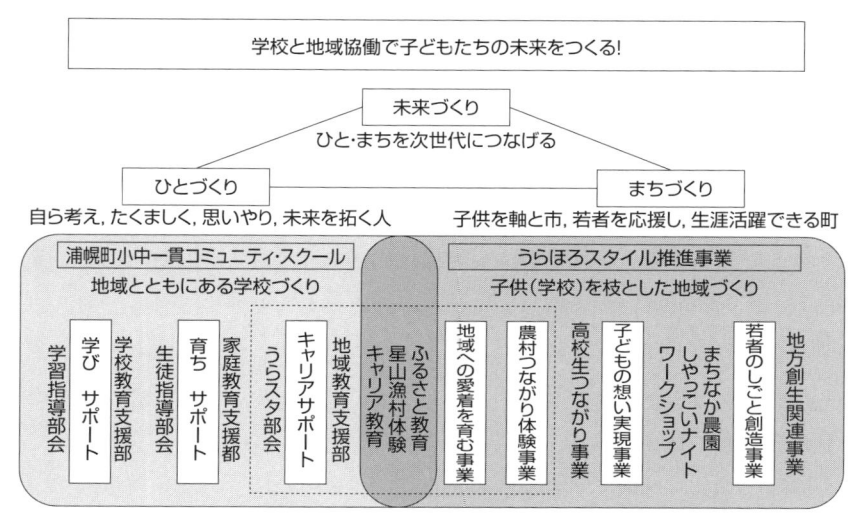

図6-4　浦幌学園における「うらほろスタイル」とCSとの関係
出所：近江正隆作成

そして，④若者しごと創造事業である。うらほろスタイルは単に子どもが地域
で生きていくための教育を大人が用意するのではなく，ともに考え，子ども・
若者の学んだ成果からもつくられる「子どもとともに育つ」地域づくりである
といえる。

　さて，うらほろスタイルと学校（小中一貫校），CSの関係は図6-4のとおり
である（浦幌学園の場合）。CSで学校と地域協働の「**ひとづくり**」，うらほろス
タイルで子どもを核とした「**まちづくり**」が，子ども・若者たちの手による
「**未来づくり**」に結びついている。小中一貫校やCSだけでは大人目線の学校
教育になるところを，うらほろスタイルが住民同士のさまざまな取り組みを通
じた学びによって児童生徒の地域参画に可能性を広げ，持続可能な地域づくり
を担い手とセットで展開していることがよくわかる。

　うらほろスタイルは地域教育の枠を超え，子どもの**地域参画を保障**し，子ど
も・若者による地域づくりまでも見据えた地域再生である。

（2）教師が地域づくりを見通して―北海道稚内市

　稚内市では教育合意運動，子育て運動を土台に，地域・学校・行政の子育てネットワークの形成，白書づくりを契機とした貧困など子育て困難家庭に対する**専門職・地域協働**が推進されている。

　稚内市の地域教育が全国的に注目されるようになったのは「南中ソーラン」である。ただ，地域と学校の親密な関係は1978年「子育て合意書」にまでさかのぼる。この時期も同様の構造で子どもの非行が大きな問題となり，地区ごとの懇談会活動など保護者・住民の意見を丁寧に取り入れ教職員組合も管理職もともに「地域に根ざした」学校づくりによって問題を克服した。この取り組みは稚内市全体に広がり，1981年「稚内市子育て宣言」，1984年稚内市子育て推進協議会が学校，地域，教育運動団体などによって結成，1986年「稚内市子育て平和都市宣言」によって全国的に知られるに至る。一連の子育て運動の特徴として，小学校区（自治会）単位（子育て連絡会），中学校区単位（子育て連絡協議会），全市レベル（子育て推進協議会）と地域単位でさまざまな立場の人々が地域の子どものためを優先しての共同が重層的に構成されていることが真っ先にあげられる。

　一時期の停滞期を経て，2001年「子育て提言」を契機にこの取り組みは保護者・住民・教師の「力あわせ運動」として新たな展開をみせる。「力あわせ運動」では，この後大きな社会問題となる子どものケータイ・スマホの使い方（依存症，いじめ，など）に対して2007年に教育評論家の尾木直樹氏を招いて，実態調査を経てその結果に基づいた啓発活動（地区別講演会）に取り組んだ。いっぽうで，このころ中学生の車上荒らしや高校生の母親殺しなどメディアで広く報道される事件も起こっていた。そこで，子育て運動30年を迎えるにあたって総括的議論が展開され，個別にかかえる深刻な子どもの生きづらさ，子育て困難に対応すべく，2000年代後半から中学校区を単位に**子ども支援ネットワーク**づくりに取り組みはじめた。各ネットワークでは，スクールガード，地域活動活性化，スクールソーシャルワーカーの活用，障がい児支援，不登校児支援などそれぞれがかかえる課題に特化して取り組んだ。また，全国学力調査

の実施に伴い学力問題が噴出すると，市内の大学の協力を得て，学習支援の充実に取り組むネットワークも出てきた。これらの取り組みの蓄積が，全市での大きな取り組みに発展する。

　2013年に子ども貧困対策法が成立し，それを受けて稚内市はこれまでの「子育て運動」を土台にした子どもの**貧困対策**に取り組む。2015年に子どもの貧困問題プロジェクトが始動した。このころには子ども支援ネットワークはスクールソーシャルワーカー，教師，民生児童委員等によるサポートチームによって不登校児などのケース検討の蓄積から子どもたちをとりまく福祉的課題，とくに貧困問題への対応が切実な課題として認識された。そこで，教育上の方策だけでなく，福祉関係者（スクールソーシャルワーカー，民生児童委員など）との連携，医療関係者との連携も視野に入れている（図6-5）。サポートチームには学校側からは管理職だけでなく（生徒）指導部，学年団からも出席し，当該児童・生徒の保護者にも入る。このサポートチームは情報交換，子ども分析，メンバーの役割（の確認）というケーススタディにとどまらず，当事者でもある保護者への激励を行った。サポートチームの取り組みの蓄積は1年間の実践研究を経て2017年に中学校区単位の貧困対策方針「4地区ネットワークプラン」を策定した。東地区では保護者と学校の子どもの成長記録の交換に活用されていた「子育てファイル」の活用による「孤育て」（孤立した子育て）の解消に取り組むとともに，稚内型奨学金制度案を取りまとめるに至った。また，北地区では地域食堂を開設し，企業経営者の協力を得て朝食提供の可能性を模索している。

　このように，稚内市の「力あわせ運動」は子育て困難家庭の支援を行政・学校・専門職・住民の連携でアウトリーチし，最も困っている親子を支える地域づくりに至っている。これまでの経緯を知る学校教員（管理職，OB）が粘り強くコーディネートしているのが特徴であり，CSの仕組みに頼らずとも学校と地域の関係を子どもや子育て家庭を真ん中において深められているのは特筆すべきである。

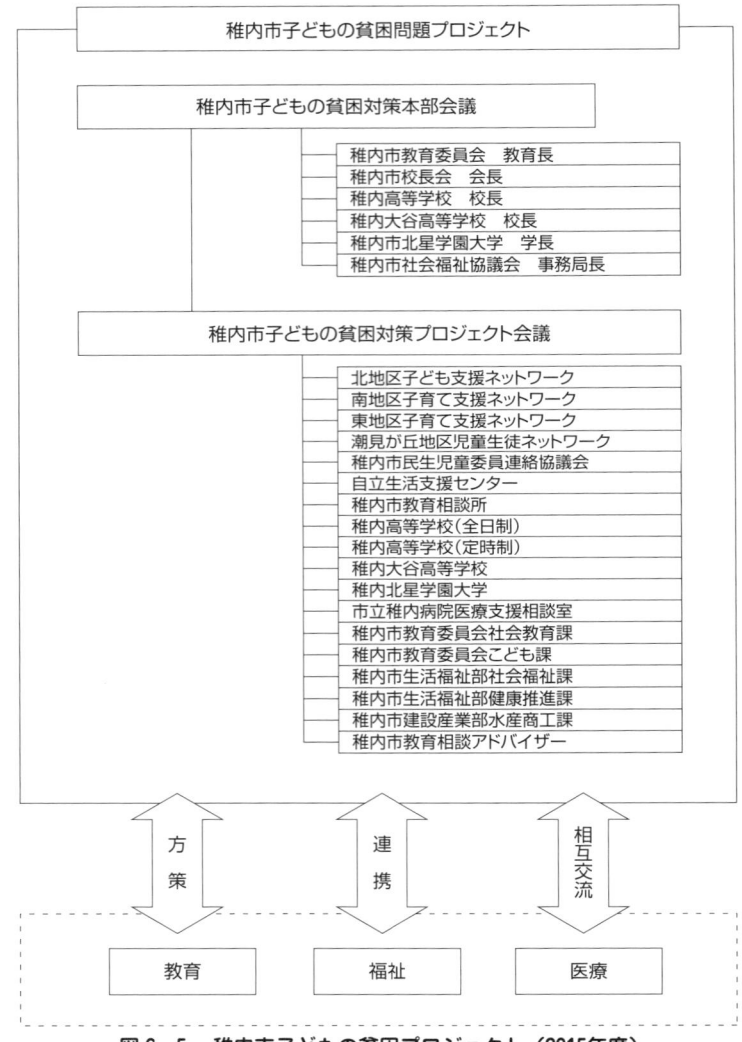

図6-5 稚内市子どもの貧困プロジェクト（2015年度）

出所：若原幸則作成

第4節　学校を通した地域づくりと教員の新しい役割

（1）学校にも地域にも求められる子どもへの「ケア」

　前節では2つの地域の取り組みから，学校と地域の連携を深めることで子ど

もの豊かな育ちの可能性が広がることを紹介した。これらの取り組みに共通しているのは，地域の子どもを真ん中において，子どもや子育て家庭のために周りの大人（学校，行政，住民）が汗を流すということである。それは，地方創生総合戦略によって子どもおよび保護者の支持なくして地域の将来はない時代でこそもてる「覚悟」といえるのかもしれない。しかし，子どもや子育て家庭をより深く理解しようとすることで，将来の地域，社会，世界に向けた「学びあい」がそれぞれの取り組みでは展開されたのではないだろうか。

　このような環境で育った子どもたちは，成長とともにたとえ地域を離れることになったとしても，愛着がある地域がある安心感，頼りになる人々や仕組みがみえるようになる。そのことこそが，子どもが大人になって生きるうえでさまざまな「寄る辺」「心の支え」を得て，自信をもって社会に出られる基盤になる。そのために必要なのは，持続可能で活用可能な「ケアする共同体」である。

　「ケア」は福祉や医療の仕事のように思うかもしれない。しかし，稚内市の取り組みに象徴されるように学校にやってくる最も困っている子どもや子育て家庭に必要なことである。それは，担任教師一人では限界があり，学校や地域がまるごと「ケアする共同体」にならないと，当事者が安心感を得ることがない。学校が地域と連携する必然性は，この問題に向き合うことで共有可能となる。

（2）地域との連携に求められる力，身につく力

　前節の取り組みを進めるためにはどのような力が求められるか。子どもや家庭の多様性を共有するための**コーディネート**，専門職間の専門性（子どもや家庭に果たす役割と方法）の尊重と相互の自己変革をもたらす**パートナーシップ**，子どもおよび家庭への理解を深め，自己実現のためのネットワークづくりに労力を傾ける**マネジメント**という 3 つに集約される。具体的には，さまざまな意見を傾聴する，多様性を前提に一人ひとりの学習が成立するための支援を確立するだけでなくあらゆるステークホルダー（利害関係者）に説明する，子ど

も・保護者を中心としあらゆる人々と育ちあう実践をつくることが教師に求められる。若手のうちは，このような実践を展開している先達（教師に限らない）に飛び込むのが一番よい。

　普段の保護者一人，住民一人とのやり取りからトレーニングは可能である。「意思統一」を目的にしないコミュニケーションを重視し，お互いのちがいを認め合う習慣をつけることである。多様性を前提にした発想は**SDGs に準拠する教育**で必須だからのみならず，多様な家庭から集まった児童生徒を相手にした授業，学級づくりを成立させ，保護者や住民との関係を円滑に進めるうえでは基本的資質といっていいのではないか。

演習問題
① 地域で子どもを育てるとはどういうことか，自分の出身地域での経験をもとに考えてみよう。
② コミュニティ・スクールの子どもにとってのメリット，課題について考えてみよう。
③ 学校と地域の関係づくりに一教員としてできることについて考えてみよう。

参考文献
井上大樹「コミュニティ・スクールがひらく学校参画の可能性と課題—『地域の中の学校』から『学校をつくる地域』へ」『教師教育研究』（札幌学院大学教職課程）No. 32，2018年
川前あゆみ・玉井康之『山村留学と子ども・学校・地域—自然がもたらす生きる力の育成』高文堂出版社，2005年
岸裕司『学校開放でまち育て—サスティナブルタウンをめざして』学芸出版社，2008年
鈴木敏正・降旗信一編『教育の課程と方法—持続可能で包容的な未来のために』学文社，2017年
仲田陽一『地域に根ざす学校づくり—"子どもが主人公"の学校改革を求めて』本の泉社，2016年
内山隆・玉井康之『地域を探求する学習活動の方法—社会に開かれた教育課程を創る』東洋館出版社，2016年
宮前耕史「現代『地域教育計画』としての『うらほろスタイルふるさとづくり計画』」『へき地教育研究』（北海道教育大学　学校・地域教育研究支援センター　へき地教育研究支援部門）69号，2015年，61-72
若原幸範「北海道稚内市における貧困対策の展開」『社会教育研究』（北海道大学教育学院社会教育研究室）第35号，2017年，35-52

注
（1）国民皆学に寄与した著書として福沢諭吉『学問のすすめ』があげられる。

（2）学校によっては「父母と先生の会」などと称している場合もある。

（3）代表的なものに太田堯がかかわった本郷プラン（広島県本郷町），海後宗臣・矢口新がかかわった川口プラン（埼玉県川口町）があげられる。

（4）1995年に経済同友会が提起した公教育縮小論。体育や芸術系教科を止め，学校は週3日制，行政の教育支出を抑えた分，家庭や地域にその代替を求めた。

（5）文部科学省ウェブサイト http://www.mext.go.jp/（2019年4月27日閲覧）。

（6）コミュニティ・スクールの推進等に関する調査研究協力者会議「小中一貫教育を推進する上での学校運営協議会の在り方について（第1次報告）」(2014年10月20日公表)。

（7）うらほろスタイルウェブサイト http://www.urahoro-style.jp/（2019年3月29日閲覧）。

コラム　学校と地域連携

　学校と地域連携の実際を考えるために，地域の代表が学校運営にかかわる仕組みであるコミュニティ・スクール（学校運営協議会制度）（以下，CS）について取り上げる。CS は，学校と地域住民らが力を合わせて学校の運営に取り組むことが可能となる「地域とともにある学校」への転換を図るための有効な仕組みである。CS では，学校運営に地域の声を積極的に生かし，地域と一体となって特色ある学校づくりを進めていく。CS は，地方教育行政の組織及び運営に関する法律に基づいて教育委員会が学校に設置する。

　CS 創設の背景の 1 つに，1998年から適用された学習指導要領で「生きる力」を身につけることがめざされ，学校教育内容が大きく変容したことがある。それに先立つ1996年開催の中央教育審議会では，「家庭や地域社会との連携を進め，家庭や地域社会とともに子供たちを育成する開かれた学校」をつくることが提案された。こうして徐々に，地域住民や保護者等の学校参画の必要性が認められるようになった。

　CS の委員は，学校地域の住民（自治会長，児童委員，青少年委員，元 PTA 会長，学校ボランティアなど），学校に在籍する生徒・児童または幼児の保護者（PTA 会長・役員など），そのほか教育委員会が必要と認める者（校長が要請する学識経験者ほか）について教育委員会が任命する。CS 委員の構成人数は，おおむね10名前後である。

　CS の主な役割は，①校長が作成する学校運営の基本方針の承認，②学校運営に関する意見を教育委員会または校長に述べることができる，③教職員の任用に関して，教育委員会規則に定める事項について，教育委員会に意見を述べることができるの 3 つである。

　CS の議題は，教育方針（授業改善や教育課程），学校運営（学校施設の整備，学校予算，教育人事，教員評価），教育活動／学校支援（学校行事，地域人材の活用，学校評価，児童への指導，保護者とのかかわり）などであるが，学校経営に関する議題が取り上げられにくいといわれており，理由と改善について検討が必要であろう。

　以下に，東京都の A 小学校 CS の事例を紹介する。【実態把握】CS 委員は学校の実態を理解するために，授業参観，給食試食，研究授業・教員研修・教職員会議・学校行事への参加を行っている。【学校運営（教育人事）】国語を専門科目とする教員がいないため，教育委員会に対し次年度の人事において国語の指導が得意な教員の配置を要求した。【学校支援】①学校・地域・家庭のつながりを強化するために「学校カレンダー」を作成し，学校の年間行事，地域の図書館・児童館・博物館らの行事などを入れて，児童の家庭や地域住民，地域の施設に配布した。②保護者のスクールカウンセラー（以下，SC）制度の認知が低いため，「学校カレンダー」に SC の利用方法・連絡先・SC 来校日程を記載した。③学校の努力が保護者に伝わりにくい事項について，CS が保護者に学校の取り組みをわかりやすく解説して，学校便りに記事として掲載した。【新たな取り組み】教員の労働時間の長さを改善するために，働き方改革に関する意見交換を教員と CS 委員で行った。

　教員一人ひとりにとって CS を活用した地域連携は，今後の課題である。

〔長谷川万希子（高千穂大学）〕

第 7 章
SDGs 時代における教育課題

　「バブルの崩壊」から四半世紀，「リーマンショック」から10年，と現代社会は，経済状況に振り回されてきた。こうしたなかで，モノやお金，そして情報が国境を越えて自由に行き来し，投機マネーで利益を生み出しやすい単一市場をめざす，という世界経済が形成されていった。いわゆる，**グローバリゼーション化**である。

　いっぽうで，世界のグローバリゼーションの流れは，強いものがより強く，弱いものが力を失う，という構造的な社会のひずみを増大させていった。新自由主義的な価値においては，経済的な利益を生み出すか生み出さないかが善悪となって機能し，モラルや倫理の欠落による社会的課題を生み出しつつある。具体的には，雇用や福祉，医療や教育等において，お金のある人はよいサービスを受けられ，そうでない人は社会から切り捨てられるという事象である。

　そして学校教育も，産業界からの影響を大きく受け，企業活動に有益な人材育成こそが，価値のある教育であるといった「人材」育成論が中心となりつつある。しかしながら，こうした教育観による学校教育が展開されつづけてよいのだろうか。SDGs の目標には，かつての植民地政策や，行き過ぎた市場原理主義により，切り捨てられた人の悲鳴や叫びが込められている。さて，みなさんはこれから，どのような学校教育が展開されるべきか，本章を読みながら考えてほしい。

岩本　泰（東海大学教養学部准教授）
1970年生まれ。東京学芸大学連合学校教育学研究科修了。博士（教育学・東京学芸大学）。神奈川県内の高校教員，有明教育芸術短期大学兼任講師，東海大学教養学部専任講師，大磯町環境審議会会長を経て現職。現在，板橋区環境教育推進協議会委員，逗子フェアトレードタウンの会・かながわ開発教育センター理事。主な著書は，『SDGs と開発教育』（学文社，2016年），『教育の課程と方法』（学文社，2017年），『教育方法・技術論』（大学図書出版，2018年），『環境学習のラーニン・グデザイン』（キーステージ21，2019年）他。

第1節　グローバリゼーションと学校教育

　2018年版学習指導要領の『高等学校学習指導要領解説』では，「第1章　第1章 総説　第1節 改訂の経緯及び基本方針　1 改訂の経緯」として，以下の文章[1]で始まる。

　今の子供たちやこれから誕生する子供たちが，成人して社会で活躍する頃には，我が国は厳しい挑戦の時代を迎えていると予想される。生産年齢人口の減少，グローバル化の進展や絶え間ない技術革新等により，社会構造や雇用環境は大きく，また急速に変化しており，予測が困難な時代となっている。また，急激な少子高齢化が進む中で成熟社会を迎えた我が国にあっては，一人一人が持続可能な社会の担い手として，その多様性を原動力とし，質的な豊かさを伴った個人と社会の成長につながる新たな価値を生み出していくことが期待される。

　「厳しい挑戦の時代」の到来において，学校教育の果たすべき役割は何か，すでに教職についている人，これから教職につく人に問うている。図7-1は，15〜64歳の生産年齢人口の具体的な推移をグラフにしたものである。ピーク時の1995年が8716万人で高齢化率15％であったのに対して，直近の2015年では7592万人で27％まで上昇している。このままのペースが続けば，2030年の生産年齢人口は，6773万人まで減少，高齢化率は32％まで上昇すると予測されている。すでに，一部の業種では労働力不足が深刻な状況となり，「働き方改革」

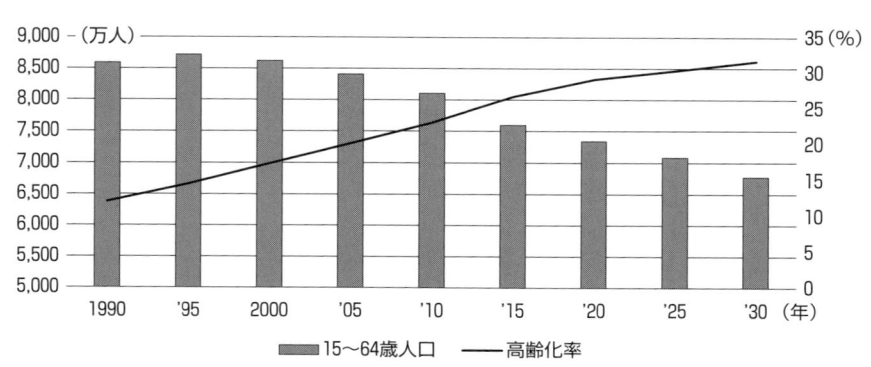

図7-1　生産年齢人口と高齢化率の推移[2]

出所：総務省『平成28年度 情報通信白書』

の必要性が問われている。この問題を解決するために，AI（Artificial Intelligence：人工知能）を活用したロボットによる自動化，そして外国人材の活用という 2 つの政策が進められている。

　AI 技術は，第 5 世代移動通信システムである「5 G（5th Generation）」の研究開発と連動し，大容量高速通信技術や IoT（Internet of Things）／ IoE（Internet of Everything）（ありとあらゆるものが接続されたインターネット）の普及などに伴う多数の端末との接続への対応といった幅広い可能性を有している。学校教育においては，すでに文部科学省がとくに離島や中山間地域などの学校で，**外国語教育やプログラミング教育**などの高い専門性が必要な授業を**遠隔授業**として実施することを検討，受信側学校教員に当該教科教員免許がなくても実施できる特例措置を実施する予定である。また，バーチャル技術を活用して，五感を刺激する体験学習の実施など，その応用可能性は広がっている。

　外国人材の活用については，改正入管難民法の2019年 4 月施行により，今後 5 年間で最大で約34万5000万人の外国人労働者を受け入れる。受け入れる分野は，介護，外食業，建設，ビルクリーニング，農業，飲食料品製造，宿泊，素形材産業（金属などの素材に，鋳造，塑性加工の方法により形状を付与し，組立産業に供給する産業），造船・船用工業，漁業，自動車整備，産業機械製造業，電気・電子情報関連産業，航空といった14業種にわたる。これからの学校教育におけるキャリア教育実践においては，とくに指定された業種に，多様な文化や習慣をもった人との共生をどのように進めていくか，子どもたちが自発的に考え行動できる能力を獲得できるように，配慮することが求められる。

　さらにこうした受け入れに際し，2017年より施行されている**技能実習制度**（外国人の技能実習の適正な実施及び技能実習生の保護に関する法律）に加え，新たな在留資格**「特定技能」** 1 号・ 2 号の制度が始まった。技能や日常会話程度の日本語能力を求め，試験による能力状況により，技能実習生から特定技能 1 号（滞在期間通算 5 年，家族の同伴不可），そして特定技能 2 号（更新可，家族の同伴可）の 2 つ資格の運用が始まる。熟練技能が必要となる特定技能 2 号は，制度開始から 2 年後に建設と造船・舶用工業が導入される予定で，そのほかの

業種は未定となっている。雇用形態は直接雇用が原則だが，農業と漁業は例外的に派遣を認める。外国人の報酬額は日本人と同等以上と定めたほか，同じ分野での転職は認める。また，外国人労働者を斡旋する悪質なブローカーを排除するため，当面，ベトナム，フィリピン，カンボジア，インドネシア，タイ，ミャンマー，ネパール，中国，モンゴルの9カ国を想定して2国間協定を結ぶ。

　学校教育との関連では，今後家族の帯同が認められている特定技能2号が増加すると，とくに義務教育課程において日本語が不得手な子どもたちの増加が危惧されている。すでに現状の学校教育において，文部科学省「日本語指導が必要な児童生徒の受入状況等に関する調査（平成28年度）」（図7-2）の結果によれば，直近の2016年度に3万4335人いることが明らかになっている。児童生徒の母国語別では，ポルトガル語が8779人（約26％），中国語が8204人（約24％），フィリピン語が6283人（約18％），スペイン語が3600人（約10％）という結果が示されている。またこうした結果は，すでに日本国内で雇用している地域産業と非常に深いかかわりがある。地域別では，愛知県が7277人（約21％）と最も高い割合となっていて，次いで神奈川県が3947人（約11％），東京都が2932人（約9％），静岡県が2673人（約8％）と続く。日本語サポートが必要な子どもたちの多くは，**特別支援**学級に在籍するケースが増加しつつある。事情は地域状況や学校によっても異なるが，対応に苦労する学校現場の状況がある。これからの学校は，こうした「**内なるグローバル化**」に対応し，ケアが必要な子どもたちを地域社会で取り残さないように配慮することが求められる。これは，SDGs時代の教職の責務でもある。すなわち，SDGsのゴール4のすべての人々に包摂的かつ公正な質の高い教育を提供するという目標は，発展途上国の問題だけでなく国内問題でもあるという視点をもつことが必要である。そのために，今後さらに急速に変化する社会において，変化に取り残される児童生徒が出ないように配慮が必要である。具体的には，さまざまな対応のノウハウをもつ地域の国際交流協会や今後全国の100カ所に開設される予定の相談窓口「多文化共生総合相談ワンストップセンター」，NPO団体，専門機関

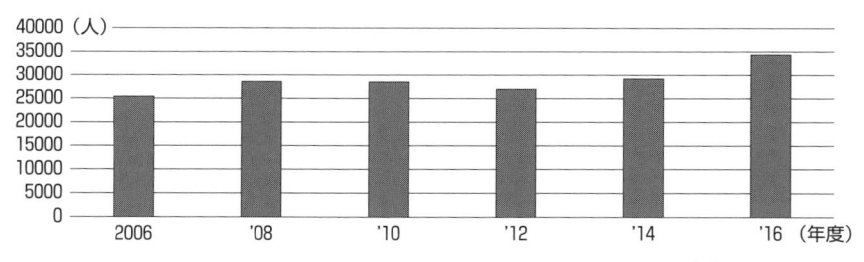

図7-2　日本語指導が必要な外国籍の児童生徒数の推移[3]
出所：文部科学省「日本語指導が必要な児童生徒の受入状況等に関する調査（平成28年度）」

などとの連携を視野に，教師自身がしなやかに変化に対応できる能力を身につけることが，問題解決に向けて重要な鍵となる。

第2節　学校教育の変化

　私たちは今，社会の**持続可能性**の危機について，すべての人が真剣に向き合わなければならない時代の転換点にいる。現代社会において，どのような**持続不可能性**に直面しているのか，異なる価値観や文化の人々が**多文化共生**できる**持続可能な社会**を多様な人が参加型で考え，行動することが求められている。

（1）スーパーグローバルハイスクール（SGH）

　グローバル化時代に対応できる人間，すなわち「**グローバル人材**」の育成は，学校教育に求められる喫緊の課題となっている。文部科学省は，2012年度から大学で実施する「グローバル人材育成推進事業」を展開した。この事業では，若い世代の「内向き志向」を克服し，国際的な産業競争力の向上や国と国の絆の強化の基盤として，グローバルな舞台に積極的に挑戦し活躍できる人材の育成を図るべく，大学教育のグローバル化を目的とした体制整備を推進する事業に対して重点的に財政支援することを目的として位置づけられた[4]。また，2014年度からは高校が実施する「**スーパーグローバルハイスクール**」（以下，SGH）認定事業を展開，補助金交付をしている。SGHの公式ホームページ

では，SGH 構想の概要として，以下のような説明[5]がなされている。

> 　高等学校等におけるグローバル・リーダー育成に資する教育を通して，生徒の社会課題に対する関心と深い教養，コミュニケーション能力，問題解決力等の国際的素養を身に付け，もって，将来，国際的に活躍できるグローバル・リーダーの育成を図ることを目的としています。
> 　スーパーグローバルハイスクールの高等学校等は，目指すべきグローバル人物像を設定し，国際化を進める国内外の大学を中心に，企業，国際機関等と連携を図り，グローバルな社会課題，ビジネス課題をテーマに横断的・総合的な学習，探究的な学習を行います。
> 　学習活動において，課題研究のテーマに関する国内外のフィールドワークを実施し，高校生自身の目で見聞を広げ，挑戦することが求められます。
> 　指定されている学校の目指すべき人物像や具体的な課題の設定，学習内容は，地域や学校の特性を生かしたものとなっております。

　具体的な取り組み内容としては，「共生（文化・民族・外国人）」「医療・衛生・福祉」「哲学・普遍的価値（法・人権）」「国際関係（外交，安全保障，平和，貧困，国際協力，開発）」「地域」「女性の活躍」「持続可能な発展（ESD）・循環型社会」「教育」「文化・歴史・宗教・言語」「環境」「生物・生態系」「経済・ビジネス・産業・社会起業・CSR」「芸術」「観光」「資源・エネルギー」「農業・食料」「都市・生活環境」「防災・復興」が示されている。

　こうした動向について，田中（2017：237）はグローバル人材育成について，「グローバルな社会課題」「ビジネス課題」という 2 つの課題を追求するような教育活動があると整理している。グローバルな社会課題とは，SDGs の解決に資する貧困・格差，地球環境，多文化共生などの課題である。ビジネス課題とは，グローバル経済に乗っていくための学習課題であり，英語での**プレゼンテーション能力**や**コミュニケーション能力**が強調されている。各学校の実践現状については，「SGH の事業成果検証に関する調査報告書：指定校管理者対象調査（2018年度）」において教育内容と方法に関連する評価結果として，以下のようなことが示されている[6]。

・アクションラーニングに関連した SGH 教育プログラムの開講頻度について，「日本語でのディスカッションないしはディベート」が平均月 1 回，さらに 1 学期に 1 回開講されるプログラムは，「課題研究レポートのまとめ方に関する授業」，「英語グループワーク」「生徒自らによる調査データ収集・分析」などである。

・採択年度間の教育方法を比較すると，2014年度（平成26年）指定校は，「英語によるコミュニケーション」「授業理解」，2015年度（平成27年）採択校は，「課題研究やプレゼンテーション」が重視されている。

・SGH と SSH（スーパーサイエンススクール）の両プログラムに採択されている指定校の85％は，双方のプログラム間の相乗効果を認識しており，グローバルとサイエンスを連携した教育プログラム開発の有用性が確認された。

・指定校が重要と考えるグローバルコンピテンシーの上位は，多様性受容やメタ認知にもとづく，他者理解，立場や意見の尊重であった。

・グローバルマインドセットについても，指定校が重要と考える項目の中心は，「他者の意見を聞くこと」であり，次いで，「海外文化を楽しく思えるマインド」である。

・指定校が高校生の資質や行動面，および心理面を総合して育成達成度が期待度を超える項目は，「海外に行ってみたい」「異文化に触れる楽しさ」「海外との協力関係構築」といった海外志向を上昇させるための項目が中心である。いっぽう，「データの正確性の理解」「自分に自信がある」「短所よりも長所への着目」といった，上述の能動的な行動様式に繋がる項目については達成度が期待を下回っている。

・SGH 受講後の進路について，進路の拡大，とりわけ人文系学部，海外留学が増大している。

・SGH プログラムの有用性について，「学びに向かう力・人間性の向上」「国際的な知識及び技能」「国際的な思考力・判断力」といった生徒の意識面や知識・技能の向上といったソフト面に資する結果が示されている。いっぽう，教育内容，教育時間配分，人的・物的体制の改善，カリキュラムマネジメントといったハード面の学校全体のマネジメントが今後における課題として提示されている。

・SGH プログラムの全体評価として，「生徒の国際的な思考力・判断力・表現力等の向上」および「思考力・表現力・判断力の育成に関する教員の指導能力の向上」の両項目が共に高い学校においては，総合的評価が格段に高い結果が示された。

（著者抜粋）

教育の目的，教育の内容や方法について，「グローバル・リーダーの育成」

という位置づけに象徴されるように，SGH は比較的にランクの高い学校の「エリート教育」として制度が活用されているように推測される。また，グローバル人材が教育として取り扱われる際には，産業界に有用となる人的材料としての**人材教育**という側面が現状にある。

（2）ユネスコスクール

SGH のようなエリート教育的な学校運営に対し，校種的にもレベル的にも多彩で，SDGs と親和性の高い「グローバルな社会課題」に対応した学校として，「**ユネスコスクール**」がある（岩本他 2017：271）。ユネスコスクールは，1953年に **ASPnet**（Associated Schools Project Network）として，**ユネスコ憲章**に示された理念を学校現場で実践するため，国際理解教育の実験的な試みを比較研究し，その調整をはかる共同体として発足した。2018年10月現在，世界182カ国で1万1500校以上が ASPnet に加盟して活動している。日本国内では，1116校の幼稚園，小学校・中学校・高等学校および教員養成系大学がこのネットワークに参加している。日本では，ASPnet への加盟が承認された学校をユネスコスクールに認定し，そのグローバルなネットワークを活用し，世界中の学校と交流し，生徒間・教師間で情報や体験を分かち合い，地球規模の諸問題に若者が対処できるよう新しい教育内容や手法の開発，発展をめざしている[7]。

ユネスコスクールは，ユネスコ憲章の前文「戦争は人の心の中で生まれるものであるから，人の心の中に平和のとりでを築かなければならない」があり，教育によって世界平和を達成するという共通の理念がある。また，ユネスコが掲げる「**持続可能な開発のための教育（ESD）**」において，環境，社会，経済の関係を学び，さらに精神・こころという人間の内的な文化的側面についても尊重しつつ，人類の幸福および経済的福祉を追求し，地球上の環境を保持するためのバランスを探求することを目的としている。その主なテーマは，環境，エネルギー，文化財の保持，人権，平和と人間の安全保障，貧困削減，雇用，気候変動，防災といったように多様である。そして，このようにさまざまな課題に取り組むべく学際的なアプローチによる教育が求められている。ユネスコ

は ESD を通して，持続可能な社会を実現するための問題と課題を理解し，その解決のために行動する人，および行動できるスキルをもった人材の育成を目的としている。

　国内のユネスコスクールの運営実態は，「平成29年度 ユネスコスクール年次活動調査考察」によれば，以下のような調査結果が示されている[8]。

- ・ユネスコスクールにおける SDGs 認知度は63％であった。これは，世界的に企業や行政を含めて，社会全体が SDGs に対する高い関心を示していることに対応していると考えられる。
- ・SDGs に関して「活動している」「活動し始めた」「取り組む意思がある」と回答した項目（ゴール）は，目標11（住み続けられるまちづくり）が最も多く89.5％であり，次いで目標7（エネルギー），目標16（平和），目標10（不平等の是正），目標3（健康と福祉），目標4（教育）へと続いている。一方，「取り組む意思も予定もない」と回答した項目（目標）では目標9（インフラや産業化）が約50％，目標8（経済成長と雇用）が43％と高い。「活動している」との回答は，目標11（住み続けられるまちづくり）に続いて目標4（教育）が高く，教育分野に関しては既に取り組みが積極的に進められていることがわかる。
- ・国内のユネスコスクールと「交流した」が41％，「交流しなかった」が59％を占めている。また，交流の予定に関しては，交流を「予定している」が39％，「予定していない」が61％を占めている。国内のユネスコスクール以外の学校との交流についても交流したが39％，交流しなかったが61％と同様の数値を示している。
- ・交流における特徴的な動向として，「オンライン（スカイプ・チャット・電子メール）での交流」は，平成26年度の27％，平成27年度の15％，平成29年度の13％にと依然として低い。原因として，セキュリティやネット回線のキャパシティの小ささが挙げられる。
- ・今後重視すべき活動分野について，調査結果より，「環境（81％）」，「国際理解（65％）」，「人権・平和（65％）」が比較的高い数値を示しており，重視されていることがわかる。また，次に「防災（48％）」，「健康・福祉（48％）」，「エネルギー（35％）」，「持続可能な生産・消費（33％）」が重視されている。その後，「食育（29％）」，「世界遺産や地域遺産の重視（25％）」，「エコパーク（9％）」，「ジオパーク（7％）」と続く。その他の中には，地域学習，地域振興，郷土教育のようなものが8件含まれ，最も多い。その他には，文化の和解（異文化間の摩擦の縮小），異文化理解，キャリア教育，ものづくりなどが含まれる。

・連携した地域の社会教育機関に関しては，「ＰＴＡ（65％）」，「地域の識者（63％）」と地元との連携がとくに多い。平成28年度調査結果でもＰＴＡが最多である。ついで「教育委員会・首長部局（46％）」，「公民館（33％）」，が上位を占める。「図書館（23％）」も加味すると，教育委員会をはじめとする行政とのつながりの重要性が認識されている。また，「大学等高等教育機関」との連携が27％ある。また，「企業」との連携が23％ある。「野外教育施設（19％）」，「博物館・科学館（18％）」，「動物園・植物園・水族館（11％）」については，一定の連携・協力関係があるものの，全国レベルとしては，その割合は比較的低い。「地域のユネスコ協会」との連携についても，一部の地域で活発な連携・協力が行われているものの，全国レベルとしてはその割合は比較的低い（18％）。
（著者抜粋）

　こうした学校教育における取り組みは，少子化や特色ある地域に開かれた学校づくりのニーズもあり，今後さらに広がる可能性がある。また，高等学校においては，生徒募集のプロモーションにつなげるために，企業と連携したビジネス人材の育成にシフトする兆候も見受けられる。しかしながら，SDGs をうまく教育の内容に関連づけて，持続可能な社会づくりの担い手育成につなげる質の高い持続可能な教育実践こそ，真にこれからの学校教育に求められる。そのうえで，教職の社会的役割とは何か，一人ひとりが考え行動することで，SDGs の達成をめざすというアプローチが，今後さらに重要になるだろう。

第3節　未来の学校づくりへの教員の参画

　日本の学校の教育内容は，およそ10年に一度の学習指導要領の改訂により，教育課程の見直しが行われ，変化する。しかしながら，現代社会の変化のスピードは，年々加速しているため，教員はそうした変化に対応できるよう日々研鑽を積む努力を要する。また，少しずつではあるが，「働き方改革」の波は学校教育界にも変化をもたらしはじめ，授業準備や部活動指導などの時間外労働の負担から解放される傾向がある。いっぽうで，多様化する子どもたちの生徒指導への対応など，学校現場は複雑化する傾向もある。これからは，複数の教員で1つの役割を分担したり，**協働**（協力して汗をかきながら行動する）したりすることがさらに重要になるだろう。そのうえで，未来の学校づくりへの教

員の参画に向けて，一人ひとりが考えるべき 3 つの課題を示したい。

（1）社会的包摂（インクルーシブ）教育

　近年，**インクルーシブ**（inclusive）**教育**，というキーワードに注目が集まっている。インクルーシブには，もともと「包括的な，包み込む」という意味があり，障がいの有無などによって学ぶ場や環境を分けられることなく，一人ひとりの能力や苦手さと向き合いながらともに学ぶ教育を意味する。背景として，障がいのある人の人権および基本的自由の享有（人が生まれながら身につけてもっていること）を確保し，障がい者の固有の尊厳の尊重を促進することを目的とした「**障害者権利条約**」に起因する。この条約は，2006年12月の国連総会で採択され，2008年 5 月に発効，日本政府は2007年に署名，2014年に 1 月に批准書に寄託，2 月より効力が発生している[（9）]。

　この条約の主な内容としては，①一般原則（障がい者の尊厳，自律および自立の尊重，無差別，社会への完全かつ効果的な参加および包容など），②一般的義務（合理的配慮の実施を怠ることを含め，障がいに基づくいかなる差別もなしに，すべての障がい者のあらゆる人権および基本的自由を完全に実現することを確保し，および促進することなど），③障がい者の権利実現のための措置（身体の自由，拷問の禁止，表現の自由などの自由権的権利および教育，労働などの社会権的権利について締約国がとるべき措置などを規定。社会権的権利の実現については漸進的に達成することを許容），④条約の実施のための仕組み（条約の実施および監視のための国内の枠組みの設置，障がい者の権利に関する委員会における各締約国からの報告の検討）となっている。

　この条約の第24条に，「**インクルーシブ教育システム**」（inclusive education system：署名時仮訳「包容する教育制度」）が記述されている。インクルーシブ教育では，人間の多様性の尊重などの強化，障がい者が精神的および身体的な能力などを可能な最大限度まで発達させ，自由な社会に効果的に参加することを可能とするとの目的の下，障がいのある者と障がいのない者がともに学ぶ仕組みであり，障がいのある者が「general education system」（署名時仮訳「教

育制度一般」）から排除されないこと，自己の生活する地域において初等中等教育の機会が与えられること，個人に必要な「合理的配慮」が提供されるなどが必要とされている。

　本書では，近年社会学において，"social inclusion" を「社会的包摂」としていることに鑑み，社会的包摂（インクルーシブ）教育とする。文部科学省『平成29年度文部科学白書』（2018[10]）においては，「第4章 初等中等教育の充実　第14節　障害のある子供一人一人のニーズに応じた特別支援教育の推進」のなかで記述がある。このなかで，独立行政法人国立特別支援教育総合研究所が運営する「インクル DB（インクルーシブ教育システム構築支援データベース[11]）」において，学校における合理的配慮の提供に係る実践事例を公表し，特別支援教育の推進につなげる取り組みの重要性が論じられている。この「インクル DB」では，具体的な実践事例の紹介を目的として，実践事例データベースが掲載されている。データベースにおける対象児童生徒などの障害種として，視覚障害，聴覚障害，知的障害，肢体不自由，病弱・身体虚弱，言語障害，自閉症，情緒障害，LD（Learning Disability：学習障害），ADHD（Attention-deficit hyperactivity disorder：注意欠損多動性障害）といった障がい別の検索が可能である。今後，特別支援教育に日本語指導が必要な子どもたちへのケアとして，特別支援学級の活用が期待されている。すでに受け入れ実績の高い地域では，教育実践の実績が蓄積されている。情報発信は，主として教材・文書検索ツールや多言語の学校関係支援ツールの発信を目的としたポータルサイト「かすたねっと[12]」がある。今後は，個別の事例の蓄積記録を多くの教員間で共有できる実践事例データベースの創設が期待される。いずれにせよ，教員はさまざまな関連する情報にアクセスしようとする主体性が社会的包摂（インクルーシブ）教育への参画の第一歩となる。

（2）オルタナティブ教育

「オルタナティブ（alternative）」という言葉は，広辞苑では「既存の支配的なものに対する，もう一つのもの」と説明されている。具体的な形態や特徴

は，不登校児童生徒の受け皿となってきたフリースペース，黒柳徹子の『窓ぎわのトットちゃん』の舞台である戦前の巴学校，ルドルフ・シュタイナーの教育理論に基づく自由ヴァルドルフ学校，世界のフリースクール運動の原型となったA・S・ニイルのサマーヒル校，セリスティン・フレネが創設したフレネスクールなどがある（藤井：2010：54）。

　具体的なとらえ方については，たとえば永田（2005）の5分類がある。

①市場および国家から相対的に自律し，メインストリームの規範や通念をとらえ直す〈公共性〉
②伝統的な教育（公教育・私教育の別を問わない）を批判的に，かつ再構築する視座でとらえる刷新性
③公教育との協同において独自の社会的役割を担う相互補完性
④二項対立的な思考様式に依拠しない，ホリスティックな視座を重視する全体性（ホールネス）
⑤少数派の声に代表される多様な価値や「特別ニーズ」が尊重される多元性

　もともと伝統的かつ画一的な教育に対する新たな選択肢としての機能を有するオルタナティブ教育は，その理念を実践する学校を生み出してきた。これらは，教育における民主性，児童生徒自らどのような教育の場を求めるかといった学校選択の可能性を広げる機能を有してきた。さらに，通信制の学校も含めると，選択肢の幅の広がりにつながり，その影響が伝統的な学校の淘汰に影響を及ぼすということが起き始めている。とくに，公立高校は，単位制の総合高校の増加や統廃合が地域によって進む結果になっている。

　さらに，オルタナティブ教育の場はリアルな現実世界だけでなく，バーチャル空間も含めた新しい学びの場づくりの試みが始まっている。たとえば，ITのメリットを最大限に活用した「N高等学校[(13)]」のネットコースなどに注目が集まっている。具体的には，企業やその分野で活躍する企業人と連携したプログラミン授業，webデザイン授業，文芸小説創作授業，エンタメ授業などが実践されている。2020年度実施の学習指導要領改訂では，小学校におけるプログラミング教育の必修化となり，既存の学校における教員においてこうした

学校での教育内容・方法に注目が集まっている。また，オリンピックへの導入も検討されている「ｅスポーツ」や「起業」体験など，産業界との距離を縮める状況となっている。Ｎ高等学校には，2019年4月に中等部も開校し，今後義務教育課程に対する新たな潮流を生み出そうとしている。

SDGs の重要理念として，「誰一人取り残さない」ことが掲げられている。こうした前提で，子どもたち一人ひとりがこれまでの常識にとらわれない新たな居場所づくりにつながることには，意義がある。しかしながら，産業界との距離が極端に縮まってしまうと，学校の教職の意義が問われることになる。外部人材は，うまく活用しつつも，展開する教育の理念，目的，評価は，人間教育や持続可能な社会づくりの担い手育成の観点で展開することが重要であることを忘れてはならない。

（3）メディアリテラシー教育

高度情報化社会における日常生活では，世の中の動きに対して情報を収集するツールの選択肢が広がっている。既存の新聞やテレビなどのマスメディアだけでなく，SNS を活用することは，もはや日常生活と深いつながりを生み出している。

いっぽうで，インターネット上には**フェイク**（まやかし）な情報も溢れているため，出典元を丁寧にチェックする必要がある。とくに，児童生徒たちの探求活動における調べ学習の成果として，レポート，パワーポイントを作成することが多い。こうした作成時において，コピー＆ペーストは，内容が自分の主張なのか，他者からの引用なのか判別できるようにすることと同時に，教員がその出典を確認することが求められる。出典の確認やさまざまな意見や立場に配慮する能力は，「**メディアリテラシー**」と呼ばれ，教職において重要視されている（岩本 2018：80）。「メディアリテラシー」は，本来メディアを読解する能力であるが，あふれんばかりの情報にさらされる情報の受け手が情報に流されたり惑わされたりすることなく，主体的かつ批判的にそれを読み解き，活用する力のことをいう（石川 2012：185）。

　このメディアリテラシーについて，教育界では考え方に中立であることが求められることが多い。いっぽうで，重田（2017：101-104）は，この「中立」は「公正」といえるかどうかということについて問題提起をしている。たとえば，原発問題や沖縄の基地問題について，賛成でも反対デモでもない立場をとることが「中立」であり，それは「公正」な態度であること，その反対にとりわけ政府や大多数の立場や認識とは異なる意見をもつことが「偏向」，つまり「偏っている」とされるといったことである。この場合，「中立」の意味すること，「中立」的な態度は果たして「公正」といえるのかどうか，思慮深く考えることが必要ではないのかとしている。最近では，「偏り」を避けるため，異なる意見を両論併記したり，メディア自身が「中立」であることを標榜したりするようになっている。メディアの報道姿勢が「公平」であることは重要だが，民主主義社会においてメディアの本来の役割は，権力を監視したり批判したりすることがある。もしも，メディアが政府見解や多数派の意見しか報道しなければ，少数派の誰かが差別的な扱いを受けたり不公正な立場におかれたりする現状を広く知らせて告発していくという本来のメディアの重要な役割が担えないのではないだろうか。これでは，公正な社会とは程遠くなる。言論の自由があることを前提として，メディアにはそれぞれ異なる視点や態度，さまざまな意見や立場があることを読み解く批判的思考力が重要となる。とくに，インターネット上には，特定の人種や民族に対して差別や憎しみをあおる**ヘイトスピーチ**や**ヘイトクライム**を助長するような書き込みがたくさんあふれている。SDGs 時代を生きる私たちは，子どもたちがこうしたたくさんの情報のなかで，少数派や不公正な立場におかれている人の気持ちに寄り添えるような批判的思考力を伴ったメディアリテラシーを獲得することが大切である。こうしたことを，子どもたちと一緒に考える学びづくりが，真の主権者教育として今求められている。

第4節　持続可能な未来の担い手を育てる教育に向けて

　SDGs が実施されて3年の進捗状態については，『持続可能な開発目標報告

2018』が国連より公開されていることで，状況把握することができる。この報告では，入手できる最新のデータに基づき，17の持続可能な開発目標（SDGs）すべてについて，主な前進と残るギャップを明らかし，目標とターゲットの間にある相互関係について検討している。最後に，ゴール 4 について，どのようなことが報告されているのか確認したい。

　現状として，全世界の子どもと思春期の若者の過半数は，識字と算術の最低能力基準に達していない。教育の質を改善するためには，今後さらに教育の内容について焦点を絞った取り組みが必要となっている。具体的には，ジェンダーや都市・農村部，そのほかの区分による教育格差は依然として大きく，とくに後発途上国（LDCs：Least developed country）では，教育インフラへの一層の投資が必要となっている。具体的なポイントは，以下のとおりである。

・全世界の幼児・初等教育参加率は，2010年の63％から2016年の70％へと改善しています。この割合が最も低いのはサハラ以南アフリカ（41％）と北アフリカおよび西アジア（52％）である。
・小中学校就学年齢の子どもと思春期の若者のうち58％にあたる 6 億1700万人は，最低限の識字・算術能力に達していないものとみられる。
・2016年時点で，全世界の小学校教員の85％は訓練を受けているとみられるが，この割合は南アジアで71％，サハラ以南アフリカでは61％に止まっている。
・2016年時点で，LDCs の小学校のうち電力を利用できる学校はわずか34％で，基本的な手洗所を備えている学校も40％を切っている。

　このような世界の現状について，興味や関心をもち，私たちに何ができるのか，考える学びづくりは，重要な点である。世界の教育問題を考える地球規模のキャンペーンに「**世界一大きな授業**」がある。「**世界一大きな授業**」とは，世界の現状に目を向け，教育の大切さを，同じ時期に考えるイベントである[15]。現在，世界で小学校に通えない子どもは6400万人，読み書きができない大人は 7 億5000万人も存在する。こうした事実の背景には，戦争や貧困などはもちろん，教育の機会が与えられなかった人々が直面する厳しい現実など，さまざまな問題が隠れている。こうした問題を解決するために，「世界中の子

どもに教育を」を合言葉に，2003年にスタートし，2008年には885万人が参加し，ギネス世界記録としてギネスブックにも登録された。日本でも，583校・グループの5万1188人が2018年に参加した。毎年，世界中のNGOや教職員たちのネットワークを通じて，世界100カ国の小・中・高等学校や，大学，専門学校，各種団体などで，一斉に開催されている。このようなキャンペーンに参加する学びづくりは，社会的に重要な役割をもつ。

　さらに，教育にかかわる諸問題は，もはや遠い国の話ではないという視点をもつことも必要である。たとえば，日本で経済的に厳しい家庭で育つ17歳以下の子どもの割合を示す「子どもの貧困率」は，直近のデータによれば13.9%で，およそ7人に1人が貧困状態にある[16]。また，図7-2で示したように，社会的背景もあり，日本語を母語としない子どもたちの就学対応は，教職の責務となりつつある。しなしながら，「**内なるグリーバル化**」への教育方法に関するノウハウは，すべての学校現場に十分に蓄積された状態とはいえない。もともとの能力がありながらも，言葉の障壁がさまざまな子どもたちのチャンスや自信を失わせることがないように配慮する，**多文化共生社会に向けた教職能力の獲得**が重要である。これまでに常識や価値観にとらわれない，状況対応能力と柔軟な発想力がこれからの教職に求められていることについて，一人ひとりが考えてほしい。

　持続可能な社会づくりに向けては，一般的に環境・経済・社会のバランス論

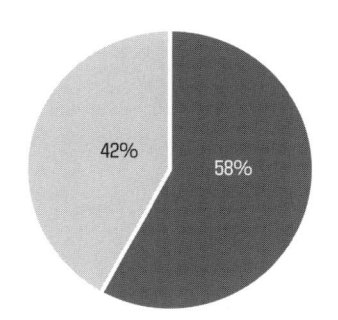

図7-3　子どもと思春期の若者の最低限の識字・算術能力の達成度

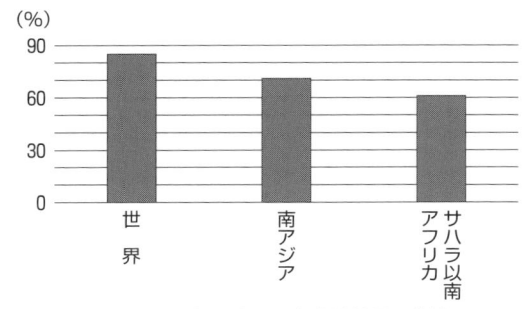

図7-4　訓練を受けた小学校教員の割合

で思考することが多い。いっぽうで，これまでの歴史や開発を一歩立ち止まっ
て問い直すことができる柔軟な思考力も重要である。すなわち，既存の開発や
発展を問い，本当に社会で困っている「取り残された人」に思いをよせられる
想像力をもち，誰もが笑顔になれる社会を子どもたちとともにつくり出す実践
力が，教職に求められる能力なのである。

演習問題
① SDG4.7を達成し，持続可能な社会づくりのために，どのような学びをつくることが必要
　なのか，〈必要な教材〉〈連携や協力を依頼する人・団体〉〈子どもたちにどのような能力
　を身に着けてほしいか〉〈どんな具体的な行動を期待するか〉〈指導案／指導計画案〉を考
　えてみよう。
②「インクルDB」「かすたねっと」サイトにアクセスし，どのような活用ができるか，事例
　的にテーマを決めて，具体的に考えてみよう。
③ インクルーシブ教育のあり方について，一事例としてドキュメンタリー映画『みんなの
　学校』（2015[17]）をみて，どのようなことが重要か，こうした学校で求められる教職の役
　割は何か考えよう。
④ 内閣府は，サイバー空間（仮想空間）とフィジカル空間（現実空間）を高度に融合させ
　たシステムにより，経済発展と社会的課題の解決を両立する，これからの人間中心の社会
　として，**"Society5.0"**[18]を提唱している。このSociety5.0について，日本経済団体連合
　会（経団連）は，SDGsの達成に向けて，革新技術を最大限活用することにより経済発展
　と社会的課題の解決を両立させる"Society5.0 for SDGs"を提案している[19]。このSo-
　ciety5.0について，AIや5Gといった関連する技術革新による社会的変化と持続可能な社
　会づくりや社会的公正の観点で，メリットとデメリットについてまとめ，議論しよう。

注
（1）文部科学省『高等学校学習指導要領（平成30年告示）解説』http://www.mext.go.jp/
　　component/a_menu/education/micro_detail/__icsFiles/afieldfile/2019/03/28/1407073_01_
　　1_1.pdf
（2）総務省『平成28年版 情報通信白書』第1部「特集　IoT・ビッグデータ・AI〜ネット
　　ワークとデータが創造する新たな価値〜」http://www.soumu.go.jp/johotsusintokei/white
　　paper/ja/h28/html/nc111110.html
（3）文部科学省 「日本語指導が必要な児童生徒の受入状況等に関する調査（平成28年度）」
　　http://www.mext.go.jp/b_menu/houdou/29/06/__icsFiles/afieldfile/2017/06/21/1386753.
　　pdf
（4）文部科学省「グローバル人材育成推進事業」http://www.mext.go.jp/b_menu/houdou/
　　24/09/attach/1326084.htm
（5）スーパーグローバルハイスクール公式ウェブサイト，http://www.sghc.jp/
（6）「SGHの事業成果検証に関する調査報告書（速報）：指定校管理者対象調査（2018年

度）」http://www.sghc.jp/p12529/

（7）ユネスコスクール公式ウェブサイト，http://www.unesco-school.mext.go.jp/aspnet/

（8）ユネスコ「平成29年度 ユネスコスクール年次活動調査考察」http://www.unesco-school.mext.go.jp/ ユネスコスクール年次活動調査 /?action=common_download_main&upload_id=18892

（9）外務省「人権外交 障害者の権利に関する条約」https://www.mofa.go.jp/mofaj/gaiko/jinken/index_shogaisha.html

（10）文部科学省『平成29年度　文部科学白書』http://www.mext.go.jp/b_menu/hakusho/html/hpab201801/1407992.htm

（11）独立行政法人国立特別支援教育総合研究所「インクル DB（インクルーシブ教育システム構築支援データベース）」http://inclusive.nise.go.jp/

（12）文部科学省「かすたねっと。」https://casta-net.mext.go.jp/

（13）学校法人角川学園「N 高等学校」https://nnn.ed.jp/

（14）国連広報センター『持続可能な開発目標（SDGs）報告2018』https://www.unic.or.jp/activities/economic_social_development/sustainable_development/2030agenda/sdgs_report/

（15）jnne「世界一大きな授業 2019」http://www.jnne.org/gce/

（16）厚生労働省『平成28年　国民生活基礎調査の概況』「Ⅱ　各種世帯の所得等の状況　6　貧困率の状況」https://www.mhlw.go.jp/toukei/saikin/hw/k-tyosa/k-tyosa16/dl/03.pdf

（17）映画『みんなの学校』　公式ウェブサイト，http://minna-movie.jp/

（18）内閣府「Society5.0」https://www8.cao.go.jp/cstp/society5_0/index.html

（19）日本経済団体連合会「Society5.0 for SDGs」https://www.keidanrensdgs.com/society5-0forsdgs-jp

参考文献

石川一喜「メディアリテラシー」日本国際理解教育学会編『現代国際理解教育事典』明石書店，2012年，p. 185

岩本泰・小山昌子・高橋宏明・小貫大輔「東海大学教養学部とユネスコスクール支援大学間ネットワーク（ASPUnivNet）」『東海大学教養学部紀要』第47輯，2017年，p. 271

岩本泰「教育の道具・素材・環境」齋藤義雄編『教育方法・技術論—主体的・対話的で深い学びに向けて』大学図書出版，2018年，p. 80

田中治彦「誰にでも『居場所』がある世界に」西あい・湯本浩之編『グローバル時代の「開発」を考える—世界と関わり，共に生きるための 7 つのヒント』明石書店，2017年，p. 237

藤井基貴「オルタナティブ教育の可能性」五島敦子・関口知子編『未来をつくる教育 ESD—持続可能な多文化社会をめざして』明石書店，2010年，p. 54

永田佳之『オルタナティブ教育—国際比較に見る21世紀の学校づくり』新評論，2005年

重田康博「『公正な社会』ってどんな社会？」西・湯本編，前掲書，pp. 101-104

コ ラ ム 韓国の SDGs と教育動向

　2015年国連総会によって SDGs（持続可能な発展目標）が採択されてから，韓国国内においても，社会のあらゆる専門家および市民など，多様な社会的主体が集まって韓国における SDGs 実現のための会議や場が展開されている。教育領域では，2015年韓国で開催された世界教育フォーラムの "仁川宣言（Incheon Declaratio）" と "SDG4-Education2030 実行計画（Framework for Action）" の教育目標を踏まえて，これまで以上に学校，地域，そして政府及び国際機構や民間の NGO との連携による教育案（下図）が提示されている。具体的には，「包括的な学習環境」の改善をめざし，①質の高い教育（教師教育および授業研究），②安全な教育環境（学校施設整備，給食提供），③学校運営の改善（地域住民の参加，PTA），④地域社会と学校の連携（成人教育，保健教育），⑤

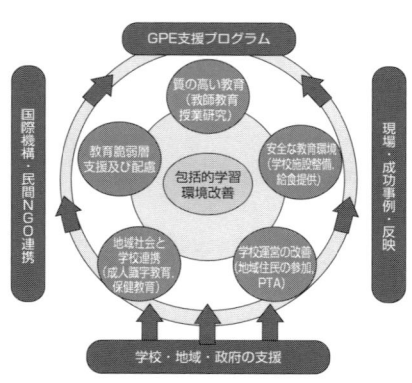

出所：「国家持続可能発展目標（K-SDGs）樹立推進計画案資料」（2018.5）参照再作成

教育脆弱層支援および配慮などがあげられている。

　また，世界市民教育の推進にも特徴がみられている。SDGs2030「世界市民教育の役割」で示している，民主市民教育，平和教育，統一教育，国際理解教育，創造・人格教育など，個人，社会，人類に対する倫理的規範とグローバル市民意識の涵養と，それに加え，人類普遍的な平和，人権，多様性などの知識と力量を習得し，責任のある実践生活に適応できる，韓国型世界市民教育をめざしている。

　具体的な実践として，2016年から中学校課程で導入した「自由学期制」の実践活動のなかで志向している。韓国の「自由学期制」は中学1年生が対象である。子どもたちは在学している学校を離れ，学校の周辺・外側にある都市および農村のオルタナティブスクールに参加し，自ら主体的に授業を選ぶことができる。授業内容はテーマ別の体験型・活動型・プロジェクト型授業などがあり，子どもたちは自分の興味関心によって自由に選択できる。たとえば，体験型や活動型授業では，模擬法廷授業を行い，実際に法廷で行う裁判を行いながら，その過程を通して子どもたちは社会的正義や人権を学ぶ。また，進路探索活動においては，多様性のある進路選択の模索のために地域の職人さんを訪ね，職業の実体験をしながら自分の適性を早期から見つける学びをしている。

　韓国の「自由学期制」は，SDGs2030の実現を目標とした具体的な制度の1つとして，今後注目されるだろう。

[宋　美蘭（北海道大学）]

巻末資料

関連する法律

■日本国憲法（抄）

前　文

　日本国民は，正当に選挙された国会における代表者を通じて行動し，われらとわれらの子孫のために，諸国民との協和による成果と，わが国全土にわたつて自由のもたらす恵沢を確保し，政府の行為によつて再び戦争の惨禍が起こることのないやうにすることを決意し，ここに主権が国民に存することを宣言し，この憲法を確定する。そもそも国政は，国民の厳粛な信託によるものであつて，その権威は国民に由来し，その権力は国民の代表者がこれを行使し，その福利は国民がこれを享受する。これは人類普遍の原理であり，この憲法はかかる原理に基くものである。われらは，これに反する一切の憲法，法令及び詔勅を排除する。

　日本国民は，恒久の平和を念願し，人間相互の関係を支配する崇高な理想を深く自覚するのであつて，平和を愛する諸国民の公正と信義に信頼して，われらの安全と生存を保持しようと決意した。われらは，平和を維持し，専制と隷従，圧迫と偏狭を地上から永遠に除去しようと努めてゐる国際社会において，名誉ある地位を占めたいと思ふ。われらは，全世界の国民が，ひとしく恐怖と欠乏から免かれ，平和のうちに生存する権利を有することを確認する。

　われらは，いづれの国家も，自国のことのみに専念して他国を無視してはならないのであつて，政治道徳の法則は，普遍的なものであり，この法則に従ふことは，自国の主権を維持し，他国と対等関係に立たうとする各国の責務であると信ずる。

　日本国民は，国家の名誉にかけ，全力をあげてこの崇高な理想と目的を達成することを誓ふ。

第3章　国民の権利及び義務

第26条　すべて国民は，法律の定めるところにより，その能力に応じて，ひとしく教育を受ける権利を有する。

　2　すべて国民は，法律の定めるところにより，その保護する子女に普通教育を受けさせる義務を負ふ。義務教育は，これを無償とする。
（以下略）

■教育基本法（抄）

第一章　教育の目的及び理念

（教育の目的）

第一条　教育は，人格の完成を目指し，平和で民主的な国家及び社会の形成者として必要な資質を備えた心身ともに健康な国民の育成を期して行われなければならない。

（教育の目標）

第二条　教育は，その目的を実現するため，学問の自由を尊重しつつ，次に掲げる目標を達成するよう行われるものとする。

　一　幅広い知識と教養を身に付け，真理を求める態度を養い，豊かな情操と道徳心を培うとともに，健やかな身体を養うこと。

　二　個人の価値を尊重して，その能力を伸ばし，創造性を培い，自主及び自律の精神を養うとともに，職業及び生活との関連を重視し，勤労を重んずる態度を養うこと。

　三　正義と責任，男女の平等，自他の敬愛と協力を重んずるとともに，公共の精神に基づき，主体的に社会の形成に参画し，その発展に寄与する態度を養うこと。

　四　生命を尊び，自然を大切にし，環境の保全に寄与する態度を養うこと。

　五　伝統と文化を尊重し，それらをはぐくんできた我が国と郷土を愛するとともに，他国を尊重し，国際社会の平和と発展に寄与する態度を養うこと。

（生涯学習の理念）

第三条　国民一人一人が，自己の人格を磨き，豊かな人生を送ることができるよう，その生涯にわたって，あらゆる機会に，あらゆる場所において学習することができ，その成果を適切に生かすことのできる社会の実現が図られなければならない。

（教育の機会均等）

第四条　すべて国民は，ひとしく，その能力に応じた教育を受ける機会を与えられなければならず，人種，信条，性別，社会的身分，経済的地位又は門地によって，教育上差別されない。

　2　国及び地方公共団体は，障害のある者

が，その障害の状態に応じ，十分な教育を受けられるよう，教育上必要な支援を講じなければならない。

3　国及び地方公共団体は，能力があるにもかかわらず，経済的理由によって修学が困難な者に対して，奨学の措置を講じなければならない。略

（学校教育）

第六条　法律に定める学校は，公の性質を有するものであって，国，地方公共団体及び法律に定める法人のみが，これを設置することができる。

2　前項の学校においては，教育の目標が達成されるよう，教育を受ける者の心身の発達に応じて，体系的な教育が組織的に行われなければならない。この場合において，教育を受ける者が，学校生活を営む上で必要な規律を重んずるとともに，自ら進んで学習に取り組む意欲を高めることを重視して行われなければならない。略

（教員）

第九条　法律に定める学校の教員は，自己の崇高な使命を深く自覚し，絶えず研究と修養に励み，その職責の遂行に努めなければならない。

2　前項の教員については，その使命と職責の重要性にかんがみ，その身分は尊重され，待遇の適正が期せられるとともに，養成と研修の充実が図られなければならない。

（政治教育）

第十四条　良識ある公民として必要な政治的教養は，教育上尊重されなければならない。

2　法律に定める学校は，特定の政党を支持し，又はこれに反対するための政治教育その他政治的活動をしてはならない。

第三章　教育行政

（教育行政）

第十六条　教育は，不当な支配に服することなく，この法律及び他の法律の定めるところにより行われるべきものであり，教育行政は，国と地方公共団体との適切な役割分担及び相互の協力の下，公正かつ適正に行われなければならない。

（以下略）

■学校教育法（抄）

第1条　この法律で，学校とは，幼稚園，小学校，中学校，高等学校，中等教育学校，特別支援学校，大学及び高等専門学校とする。

第22条　幼稚園は，義務教育及びその後の教育の基礎を培うものとして，幼児を保育し，幼児の健やかな成長のために適当な環境を与えて，その心身の発達を助長することを目的とする。略

第29条　小学校は，心身の発達に応じて，義務教育として行われる普通教育のうち基礎的なものを施すことを目的とする。

第45条　中学校は，小学校における教育の基礎の上に，心身の発達に応じて，義務教育として行われる普通教育を施すことを目的とする。

第50条　高等学校は，中学校における教育の基礎の上に，心身の発達及び進路に応じて，高度な普通教育及び専門教育を施すことを目的とする。

第72条　特別支援学校は，視覚障害者，聴覚障害者，知的障害者，肢体不自由者又は病弱者（身体虚弱者を含む。以下同じ。）に対して，幼稚園，小学校，中学校又は高等学校に準ずる教育を施すとともに，障害による学習上又は生活上の困難を克服し自立を図るために必要な知識技能を授けることを目的とする。

第83条　大学は，学術の中心として，広く知識を授けるとともに，深く専門の学芸を教授研究し，知的，道徳的及び応用的能力を展開させることを目的とする。

2　大学は，その目的を実現するための教育研究を行い，その成果を広く社会に提供することにより，社会の発展に寄与するものとする。

■学校教育法施行規則（抄）

第一条　学校には，その学校の目的を実現するために必要な校地，校舎，校具，運動場，図書館又は図書室，保健室その他の設備を設けなければならない。

第二節　教育課程

第五十条　小学校の教育課程は，国語，社会，算数，理科，生活，音楽，図画工作，家庭及び体育の各教科（以下この節において「各教科」という。），道徳，外国語活動，総合的な学習の時間並びに特別活動によつて編成するものとする。

第七十二条　中学校の教育課程は，国語，社会，数学，理科，音楽，美術，保健体育，技術・家庭及び外国語の各教科（以下本章及び第七章中「各教科」という。），道徳，総合的な学習の時間並びに特別活動によつて編成するもの

とする。
（以下略）

■地方教育行政の組織及び運営に関する法律（抄）

第一章　総則

（この法律の趣旨）

第一条　この法律は，教育委員会の設置，学校その他の教育機関の職員の身分取扱その他地方公共団体における教育行政の組織及び運営の基本を定めることを目的とする。

第一条の三　地方公共団体の長は，教育基本法第十七条第一項に規定する基本的な方針を参酌し，その地域の実情に応じ，当該地方公共団体の教育，学術及び文化の振興に関する総合的な施策の大綱（以下単に「大綱」という。）を定めるものとする。

（総合教育会議）

第一条の四　地方公共団体の長は，大綱の策定に関する協議及び次に掲げる事項についての協議並びにこれらに関する次項各号に掲げる構成員の事務の調整を行うため，総合教育会議を設けるものとする。

　　一　教育を行うための諸条件の整備その他の地域の実情に応じた教育，学術及び文化の振興を図るため重点的に講ずべき施策

　　二　児童，生徒等の生命又は身体に現に被害が生じ，又はまさに被害が生ずるおそれがあると見込まれる場合等の緊急の場合に講ずべき措置

第二章　教育委員会の設置及び組織

第一節　教育委員会の設置，教育長及び委員並びに会議

（設置）

第二条　都道府県，市（特別区を含む。以下同じ。）町村及び第二十一条に規定する事務の全部又は一部を処理する地方公共団体の組合に教育委員会を置く。

（組織）

第三条　教育委員会は，教育長及び四人の委員をもつて組織する。ただし，条例で定めるところにより，都道府県若しくは市又は地方公共団体の組合のうち都道府県若しくは市が加入するものの教育委員会にあつては教育長及び五人以上の委員，町村又は地方公共団体の組合のうち町村のみが加入するものの教育委員会にあつては教育長及び二人以上の委員をもつて組織する

ことができる。

（任命）

第四条　教育長は，当該地方公共団体の長の被選挙権を有する者で，人格が高潔で，教育行政に関し識見を有するもののうちから，地方公共団体の長が，議会の同意を得て，任命する。

第三章　教育委員会及び地方公共団体の長の職務権限

（教育委員会の職務権限）

第二十一条　教育委員会は，当該地方公共団体が処理する教育に関する事務で，次に掲げるものを管理し，及び執行する。

　　一　教育委員会の所管に属する第三十条に規定する学校その他の教育機関（以下「学校その他の教育機関」という。）の設置，管理及び廃止に関すること。

　　二　教育委員会の所管に属する学校その他の教育機関の用に供する財産（以下「教育財産」という。）の管理に関すること。

　　三　教育委員会及び教育委員会の所管に属する学校その他の教育機関の職員の任免その他の人事に関すること。

　　四　学齢生徒及び学齢児童の就学並びに生徒，児童及び幼児の入学，転学及び退学に関すること。

　　五　教育委員会の所管に属する学校の組織編制，教育課程，学習指導，生徒指導及び職業指導に関すること。

　　六　教科書その他の教材の取扱いに関すること。

　　七　校舎その他の施設及び教具その他の設備の整備に関すること。

　　八　校長，教員その他の教育関係職員の研修に関すること。

　　九　校長，教員その他の教育関係職員並びに生徒，児童及び幼児の保健，安全，厚生及び福利に関すること。

　　十　教育委員会の所管に属する学校その他の教育機関の環境衛生に関すること。

　　十一　学校給食に関すること。

　　十二　青少年教育，女性教育及び公民館の事業その他社会教育に関すること。

　　十三　スポーツに関すること。

　　十四　文化財の保護に関すること。

　　十五　ユネスコ活動に関すること。

　　十六　教育に関する法人に関すること。

　　十七　教育に係る調査及び基幹統計その他の

統計に関すること。
　十八　所掌事務に係る広報及び所掌事務に係る教育行政に関する相談に関すること。
　十九　前各号に掲げるもののほか，当該地方公共団体の区域内における教育に関する事務に関すること。
第四節　学校運営協議会
第四十七条の六　教育委員会は，教育委員会規則で定めるところにより，その所管に属する学校ごとに，当該学校の運営及び当該運営への必要な支援に関して協議する機関として，学校運営協議会を置くように努めなければならない。ただし，二以上の学校の運営に関し相互に密接な連携を図る必要がある場合として文部科学省令で定める場合には，二以上の学校について一の学校運営協議会を置くことができる。
　2　学校運営協議会の委員は，次に掲げる者について，教育委員会が任命する。
　一　対象学校（当該学校運営協議会が，その運営及び当該運営への必要な支援に関して協議する学校をいう。以下この条において同じ。）の所在する地域の住民
　二　対象学校に在籍する生徒，児童又は幼児の保護者
　三　社会教育法（昭和二十四年法律第二百七号）第九条の七第一項に規定する地域学校協働活動推進員その他の対象学校の運営に資する活動を行う者
　四　その他当該教育委員会が必要と認める者
　4　対象学校の校長は，当該対象学校の運営に関して，教育課程の編成その他教育委員会規則で定める事項について基本的な方針を作成し，当該対象学校の学校運営協議会の承認を得なければならない。
　7　学校運営協議会は，対象学校の職員の採用その他の任用に関して教育委員会規則で定める事項について，当該職員の任命権者に対して意見を述べることができる。

■教育公務員特例法（抄）
第1条　この法律は，教育を通じて国民全体に奉仕する教育公務員の職務とその責任の特殊性に基づき，教育公務員の任免，人事評価，給与，分限，懲戒，服務及び研修等について規定する。略

第3章　服務
（兼職及び他の事業等の従事）

第17条　教育公務員は，教育に関する他の職を兼ね，又は教育に関する他の事業若しくは事務に従事することが本務の遂行に支障がないと任命権者（略）において認める場合には，給与を受け，又は受けないで，その職を兼ね，又はその事業若しくは事務に従事することができる。
（公立学校の教育公務員の政治的行為の制限）
第18条　公立学校の教育公務員の政治的行為の制限については，当分の間，地方公務員法第36条の規定にかかわらず，国家公務員の例による。

第4章　研修
（研修）
第21条　教育公務員は，その職責を遂行するために，絶えず研究と修養に努めなければならない。
　2　教育公務員の任命権者は，教育公務員（公立の小学校等の校長及び教員（臨時的に任用された者その他の政令で定める者を除く。以下この章において同じ。）を除く。）の研修について，それに要する施設，研修を奨励するための方途その他研修に関する計画を樹立し，その実施に努めなければならない。
（研修の機会）
第22条　教育公務員には，研修を受ける機会が与えられなければならない。
　2　教員は，授業に支障のない限り，本属長の承認を受けて，勤務場所を離れて研修を行うことができる。
　3　教育公務員は，任命権者の定めるところにより，現職のままで，長期にわたる研修を受けることができる。

■地方公務員法（抄）
（この法律の目的）
第一条　この法律は，地方公共団体の人事機関並びに地方公務員の任用，人事評価，給与，勤務時間その他の勤務条件，休業，分限及び懲戒，服務，退職管理，研修，福祉及び利益の保護並びに団体等人事行政に関する根本基準を確立することにより，地方公共団体の行政の民主的かつ能率的な運営並びに特定地方独立行政法人の事務及び事業の確実な実施を保障し，もつて地方自治の本旨の実現に資することを目的とする。
（服務の根本基準）
第三十条　すべて職員は，全体の奉仕者として

公共の利益のために勤務し，且つ，職務の遂行に当つては，全力を挙げてこれに専念しなければならない。

（服務の宣誓）

第三十一条　職員は，条例の定めるところにより，服務の宣誓をしなければならない。

（法令等及び上司の職務上の命令に従う義務）

第三十二条　職員は，その職務を遂行するに当たつて，法令，条例，地方公共団体の規則及び地方公共団体の機関の定める規程に従い，且つ，上司の職務上の命令に忠実に従わなければならない。

（信用失墜行為の禁止）

第三十三条　職員は，その職の信用を傷つけ，又は職員の職全体の不名誉となるような行為をしてはならない。

（秘密を守る義務）

第三十四条　職員は，職務上知り得た秘密を漏らしてはならない。その職を退いた後も，また，同様とする。

　2　法令による証人，鑑定人等となり，職務上の秘密に属する事項を発表する場合においては，任命権者（退職者については，その退職した職又はこれに相当する職に係る任命権者）の許可を受けなければならない。

　3　前項の許可は，法律に特別の定がある場合を除く外，拒むことができない。

（職務に専念する義務）

第三十五条　職員は，法律又は条例に特別の定がある場合を除く外，その勤務時間及び職務上の注意力のすべてをその職責遂行のために用い，当該地方公共団体がなすべき責を有する職務にのみ従事しなければならない。

（政治的行為の制限）

第三十六条　職員は，政党その他の政治的団体の結成に関与し，若しくはこれらの団体の役員となつてはならず，又はこれらの団体の構成員となるように，若しくはならないように勧誘運動をしてはならない。

■**教育職員免許法（抄）**

第1章　総則

第1条【この法律の目的】

この法律は，教育職員の免許に関する基準を定め，教育職員の資質の保持と向上を図ることを目的とする。

第2条【定義】

1この法律で「教育職員」とは，学校教育法第

1条に定める幼稚園，小学校，中学校，高等学校，中等教育学校及び特別支援学校（以下「学校」という。）の主幹教諭，指導教諭，教諭，助教諭，養護教諭，養護助教諭，栄養教諭及び講師（以下「教員」という。）をいう。

第3条【免　許】

1教育職員は，この法律により授与する各相当の免許状を有する者でなければならない。

第9条の3【免許状更新講習】

1免許状更新講習は，大学その他文部科学省令で定める者が，次に掲げる基準に適合することについての文部科学大臣の認定を受けて行う。

①講習の内容が，教員の職務の遂行に必要なものとして文部科学省令で定める事項に関する最新の知識技能を修得させるための課程（その一部として行われるものを含む。）であること。

②講習の講師が，次のいずれかに該当する者であること。

イ　文部科学大臣が第16条の3第4項の政令で定める審議会等に諮問して免許状の授与の所要資格を得させるために適当と認める課程を有する大学において，当該課程を担当する教授，准教授又は講師の職にある者

ロ　イに掲げる者に準ずるものとして文部科学省令で定める者

③講習の課程の修了の認定（課程の一部の履修の認定を含む。）が適切に実施されるものであること。

④その他文部科学省令で定める要件に適合するものであること。

2前項に規定する免許状更新講習（以下単に．「免許状更新講習」という。）の時間は，三十時間以上とする。

3免許状更新講習は，次に掲げる者に限り，受けることができる。

教育職員及び文部科学省令で定める教育の職にある者

②教育職員に任命され，又は雇用されることとなつている者及びこれに準ずるものとして文部科学省令で定める者

■　**子どもの貧困対策の推進に関する法律（抄）**

第一章　総則

（目的）

第一条　この法律は，子どもの将来がその生まれ育った環境によって左右されることのないよう，貧困の状況にある子どもが健やかに育成される環境を整備するとともに，教育の機会均等

を図るため，子どもの貧困対策に関し，基本理念を定め，国等の責務を明らかにし，及び子どもの貧困対策の基本となる事項を定めることにより，子どもの貧困対策を総合的に推進することを目的とする。

（教育の支援）

第十条　国及び地方公共団体は，就学の援助，学資の援助，学習の支援その他の貧困の状況にある子どもの教育に関する支援のために必要な施策を講ずるものとする。

（生活の支援）

第十一条　国及び地方公共団体は，貧困の状況にある子ども及びその保護者に対する生活に関する相談，貧困の状況にある子どもに対する社会との交流の機会の提供その他の貧困の状況にある子どもの生活に関する支援のために必要な施策を講ずるものとする。

（保護者に対する就労の支援）

第十二条　国及び地方公共団体は，貧困の状況にある子どもの保護者に対する職業訓練の実施及び就職のあっせんその他の貧困の状況にある子どもの保護者の自立を図るための就労の支援に関し必要な施策を講ずるものとする。

（経済的支援）

第十三条　国及び地方公共団体は，各種の手当等の支給，貸付金の貸付けその他の貧困の状況にある子どもに対する経済的支援のために必要な施策を講ずるものとする。

■ **義務教育の段階における普通教育に相当する教育の機会の確保等に関する法律（抄）**

第一章　総則

（目的）

第一条　この法律は，教育基本法（平成十八年法律第百二十号）及び児童の権利に関する条約等の教育に関する条約の趣旨にのっとり，教育機会の確保等に関する施策に関し，基本理念を定め，並びに国及び地方公共団体の責務を明らかにするとともに，基本指針の策定その他の必要な事項を定めることにより，教育機会の確保等に関する施策を総合的に推進することを目的とする。

第三章　不登校児童生徒等に対する教育機会の確保等

（学校における取組への支援）

第八条　国及び地方公共団体は，全ての児童生徒が豊かな学校生活を送り，安心して教育を受けられるよう，児童生徒と学校の教職員との信頼関係及び児童生徒相互の良好な関係の構築を図るための取組，児童生徒の置かれている環境その他の事情及びその意思を把握するための取組，学校生活上の困難を有する個々の児童生徒の状況に応じた支援その他の学校における取組を支援するために必要な措置を講ずるよう努めるものとする。

（支援の状況等に係る情報の共有の促進等）

第九条　国及び地方公共団体は，不登校児童生徒に対する適切な支援が組織的かつ継続的に行われることとなるよう，不登校児童生徒の状況及び不登校児童生徒に対する支援の状況に係る情報を学校の教職員，心理，福祉等に関する専門的な知識を有する者その他の関係者間で共有することを促進するために必要な措置その他の措置を講ずるものとする。

（特別の教育課程に基づく教育を行う学校の整備等）

第十条　国及び地方公共団体は，不登校児童生徒に対しその実態に配慮して特別に編成された教育課程に基づく教育を行う学校の整備及び当該教育を行う学校における教育の充実のために必要な措置を講ずるよう努めるものとする。

（学習支援を行う教育施設の整備等）

第十一条　国及び地方公共団体は，不登校児童生徒の学習活動に対する支援を行う公立の教育施設の整備及び当該支援を行う公立の教育施設における教育の充実のために必要な措置を講ずるよう努めるものとする。

（学校以外の場における学習活動の状況等の継続的な把握）

第十二条　国及び地方公共団体は，不登校児童生徒が学校以外の場において行う学習活動の状況，不登校児童生徒の心身の状況その他の不登校児童生徒の状況を継続的に把握するために必要な措置を講ずるものとする。

（学校以外の場における学習活動等を行う不登校児童生徒に対する支援）

第十三条　国及び地方公共団体は，不登校児童生徒が学校以外の場において行う多様で適切な学習活動の重要性に鑑み，個々の不登校児童生徒の休養の必要性を踏まえ，当該不登校児童生徒の状況に応じた学習活動が行われることとなるよう，当該不登校児童生徒及びその保護者（学校教育法第十六条に規定する保護者をいう。）に対する必要な情報の提供，助言その他の支援を行うために必要な措置を講ずるものと

する。

第四章　夜間その他特別な時間において授業を行う学校における就学の機会の提供等

（就学の機会の提供等）

第十四条　地方公共団体は，学齢期を経過した者（その者の満六歳に達した日の翌日以後における最初の学年の初めから満十五歳に達した日の属する学年の終わりまでの期間を経過した者をいう。次条第二項第三号において同じ。）であって学校における就学の機会が提供されなかったもののうちにその機会の提供を希望する者が多く存在することを踏まえ，夜間その他特別な時間において授業を行う学校における就学の機会の提供その他の必要な措置を講ずるものとする

■いじめ防止対策推進法（抄）

第一章　総則

（目的）

第一条　この法律は，いじめが，いじめを受けた児童等の教育を受ける権利を著しく侵害し，その心身の健全な成長及び人格の形成に重大な影響を与えるのみならず，その生命又は身体に重大な危険を生じさせるおそれがあるものであることに鑑み，児童等の尊厳を保持するため，いじめの防止等（いじめの防止，いじめの早期発見及びいじめへの対処をいう。以下同じ。）のための対策に関し，基本理念を定め，国及び地方公共団体等の責務を明らかにし，並びにいじめの防止等のための対策に関する基本的な方針の策定について定めるとともに，いじめの防止等のための対策の基本となる事項を定めることにより，いじめの防止等のための対策を総合的かつ効果的に推進することを目的とする。

（定義）

第二条　この法律において「いじめ」とは，児童等に対して，当該児童等が在籍する学校に在籍している等当該児童等と一定の人的関係にある他の児童等が行う心理的又は物理的な影響を与える行為（インターネットを通じて行われるものを含む。）であって，当該行為の対象となった児童等が心身の苦痛を感じているものをいう。

2　この法律において「学校」とは，学校教育法（昭和二十二年法律第二十六号）第一条に規定する小学校，中学校，高等学校，中等教育学校及び特別支援学校（幼稚部を除く。）をい

う。

3　この法律において「児童等」とは，学校に在籍する児童又は生徒をいう。

4　この法律において「保護者」とは，親権を行う者（親権を行う者のないときは，未成年後見人）をいう。

（基本理念）

第三条　いじめの防止等のための対策は，いじめが全ての児童等に関係する問題であることに鑑み，児童等が安心して学習その他の活動に取り組むことができるよう，学校の内外を問わずいじめが行われなくなるようにすることを旨として行われなければならない。

2　いじめの防止等のための対策は，全ての児童等がいじめを行わず，及び他の児童等に対して行われるいじめを認識しながらこれを放置することがないようにするため，いじめが児童等の心身に及ぼす影響その他のいじめの問題に関する児童等の理解を深めることを旨として行われなければならない。

3　いじめの防止等のための対策は，いじめを受けた児童等の生命及び心身を保護することが特に重要であることを認識しつつ，国，地方公共団体，学校，地域住民，家庭その他の関係者の連携の下，いじめの問題を克服することを目指して行われなければならない。

（いじめの禁止）

第四条　児童等は，いじめを行ってはならない。

（学校及び学校の教職員の責務）

第八条　学校及び学校の教職員は，基本理念にのっとり，当該学校に在籍する児童等の保護者，地域住民，児童相談所その他の関係者との連携を図りつつ，学校全体でいじめの防止及び早期発見に取り組むとともに，当該学校に在籍する児童等がいじめを受けていると思われるときは，適切かつ迅速にこれに対処する責務を有する。

（保護者の責務等）

第九条　保護者は，子の教育について第一義的責任を有するものであって，その保護する児童等がいじめを行うことのないよう，当該児童等に対し，規範意識を養うための指導その他の必要な指導を行うよう努めるものとする。

2　保護者は，その保護する児童等がいじめを受けた場合には，適切に当該児童等をいじめから保護するものとする。

3　保護者は，国，地方公共団体，学校の設

置者及びその設置する学校が講ずるいじめの防止等のための措置に協力するよう努めるものとする。

4　第一項の規定は，家庭教育の自主性が尊重されるべきことに変更を加えるものと解してにならず，また，前三項の規定は，いじめの防止等に関する学校の設置者及びその設置する学校の責任を軽減するものと解してはならない。

国の指針・計画

■第3期教育振興基本計画（抄）
第1部　我が国における今後の教育政策の方向性
Ⅱ．2．(3)　教育をめぐる国際的な政策の動向
○　国際的にも，2030年に向けた教育に関する取組が進められている。2015年9月の国連総会において採択された2016年から2030年までの国際目標である「持続可能な開発のための 2030 アジェンダ」で設定された教育目標（SDG4）達成に向け，国連教育科学文化機関（UNESCO：ユネスコ）加盟国政府，NGO 等によって，「教育 2030 行動枠組み」が採択され，教育分野での国際協力を一層推進していくこととされた。
○　平成 28（2016）年 5 月14日〜15日の G7倉敷教育大臣会合において採択された倉敷宣言では，教育の果たすべき新たな役割として，①「社会的包摂」，「共通価値の尊重」の促進，②新しい時代に求められる資質・能力の育成，③新たな役割を果たすための国際協働の更なる推進で一致するとともに，教育を世界，各国の優先的なアジェンダに引き上げることの必要性や，教育への公共支出の重要性，客観的根拠に基づく教育政策の推進に向けた協力を確認した。
○　また OECD では知識，スキル，態度・価値を一体的に捉え，これからの時代に求められるコンピテンシーを検討し 時代の変化に対応した新たな教育モデルの開発を目指す「Education2030」事業を推進しており，我が国においても，他国の生徒と協働しながらグローバルな視点から地域の課題を探求する，地方創生イノベーションスクール 2030 などの成果を OECD 及び諸外国と共有するモデル開発に向けた取組が始まっている。
○　OECD による我が国の教育政策レビューによれば，国際的に比較して日本の児童生徒及び成人は OECD 各国の中でもトップクラスの成績であり，日本の教育が成功を収めている要素として，子供たちに対し，学校給食や課外活動などの広範囲にわたる全人的な教育を提供している点が指摘されている。あわせて経済を成長させ貧困を減らす一つの方法として，21世紀の社会において必要な能力を養成するために若者や大人に投資することが重要であることが指摘されている。
○　一方で，新たな学習指導要領の円滑な実施には，学校の指導・事務体制の効果的な強化・充実や，地域との連携・協働などに取り組むことが課題であり，サポートスタッフの配置など学校，教師，児童生徒にとってより好ましい状態につながる方策の検討，学習指導要領改訂に合わせて，児童生徒の評価も充実していくことなどが求められている。
○　さらに OECD による我が国の教育政策レビューにおいては，我が国において，生涯を通じた学習の重要性は認識されているものの，限られた時間しかない労働者にも大学・専修学校等での学びを可能にすることや，労働市場のニーズに応えられるようにすること，失業者又は求職活動を行わない人の再就職支援につなげるよう取り組む余地があることが指摘されている。このほか，幼児教育や高等教育への財政的支援が限られており家計への負担が大きく，社会経済的な状況が厳しい層の女性や子供の学習機会を制限している可能性が指摘されている。

Ⅳ．今後の教育政策に関する基本的な方針
○　本計画においては，前述の生涯にわたる「可能性」と「チャンス」の最大化に向けた視点と，教育政策を推進するための基盤に着目し，以下の五つの方針により取組を整理する。
　1．夢と志を持ち，可能性に挑戦するために必要となる力を育成する
　2．社会の持続的な発展を牽引するための多様な力を育成する
　3．生涯学び，活躍できる環境を整える
　4．誰もが社会の担い手となるための学びのセーフティネットを構築する
　5．教育政策推進のための基盤を整備する

○　教育政策の展開に当たっては，スポーツ・文化芸術・科学技術に関する政策や，子供・若者に関する政策，福祉政策，保健・医療政策，労働政策租税政策など他分野の政策とも連携を図りつつ，国においては関係府省が，地方公共

団体においては教育委員会と他の部局が一体となって取組を進めていくことが必要である。同時に，課題の複雑化，困難化等を踏まえ，政府や大学等，企業，NPO など様々な主体が連携・協働する必要がある。

○ また，地方公共団体においては，国の計画を参酌しつつ，教育に関する計画の策定に努めることが求められており，国は地方公共団体と相互に連携を図り，優良事例の横展開等により効果的な施策を推進することが重要である。

○ さらに，教育施策を効果的かつ着実に進めるとともに，教育政策の意義を広く国民に伝え，理解を得る上でも，施策の目的に照らして求める成果を明確にするとともに，客観的な根拠（エビデンスを整備して課題を把握し，評価結果をフィードバックして既存の施策や新たな施策に反映させるといった客観的な根拠に基づく PDCA サイクルの確立をさらに進めていくことが必要である。

○ 施策の評価に当たっては，施策の目的や性質に応じた評価を実施するとともに，短期的視点での結果追求のみにならないように留意しつつ，取り組んでいくことが重要である。

■小学校学習指導要領（平成29年告示）（抄）

（前文）教育は，教育基本法第１条に定めるとおり，人格の完成を目指し，平和で民主的な国家及び社会の形成者として必要な資質を備えた心身ともに健康な国民の育成を期すという目的のもと，同法第２条に掲げる次の目標を達成するよう行われなければならない。

　1　幅広い知識と教養を身に付け，真理を求める態度を養い，豊かな情操と道徳心を培うとともに，健やかな身体を養うこと。

　2　個人の価値を尊重して，その能力を伸ばし，創造性を培い，自主及び自律の精神を養うとともに，職業及び生活との関連を重視し，勤労を重んずる態度を養うこと。

　3　正義と責任，男女の平等，自他の敬愛と協力を重んずるとともに，公共の精神に基づき，主体的に社会の形成に参画し，その発展に寄与する態度を養うこと。

　4　生命を尊び，自然を大切にし，環境の保全に寄与する態度を養うこと。

　5　伝統と文化を尊重し，それらをはぐくんできた我が国と郷土を愛するとともに，他国を尊重し，国際社会の平和と発展に寄与する態度を養うこと。

　これからの学校には，こうした教育の目的及び目標の達成を目指しつつ，一人一人の児童が，自分のよさや可能性を認識するとともに，あらゆる他者を価値のある存在として尊重し，多様な人々と協働しながら様々な社会的変化を乗り越え，豊かな人生を切り拓ひらき，持続可能な社会の創り手となることができるようにすることが求められる。このために必要な教育の在り方を具体化するのが，各学校において教育の内容等を組織的かつ計画的に組み立てた教育課程である。

　教育課程を通して，これからの時代に求められる教育を実現していくためには，よりよい学校教育を通してよりよい社会を創るという理念を学校と社会とが共有し，それぞれの学校において，必要な学習内容をどのように学び，どのような資質・能力を身に付けられるようにするのかを教育課程において明確にしながら，社会との連携及び協働によりその実現を図っていくという，社会に開かれた教育課程の実現が重要となる。

　学習指導要領とは，こうした理念の実現に向けて必要となる教育課程の基準を大綱的に定めるものである。学習指導要領が果たす役割の一つは，公の性質を有する学校における教育水準を全国的に確保することである。また，各学校がその特色を生かして創意工夫を重ね，長年にわたり積み重ねられてきた教育実践や学術研究の蓄積を生かしながら，児童や地域の現状や課題を捉え，家庭や地域社会と協力して，学習指導要領を踏まえた教育活動の更なる充実を図っていくことも重要である。

　児童が学ぶことの意義を実感できる環境を整え，一人一人の資質・能力を伸ばせるようにしていくことは，教職員をはじめとする学校関係者はもとより，家庭や地域の人々も含め，様々な立場から児童や学校に関わる全ての大人に期待される役割である。幼児期の教育の基礎の上に，中学校以降の教育や生涯にわたる学習とのつながりを見通しながら，児童の学習の在り方を展望していくために広く活用されるものとなることを期待して，ここに小学校学習指導要領を定める。

第1　小学校教育の基本と教育課程の役割

　1　各学校においては，教育基本法及び学校教育法その他の法令並びにこの章以下に示すところに従い，児童の人間として調和のとれた育成を目指し，児童の心身の発達の段階や特性及

162

び学校や地域の実態を十分考慮して，適切な教育課程を編成するものとし，これらに掲げる目標を達成するよう教育を行うものとする。

2 学校の教育活動を進めるに当たっては，各学校において，第3の1に示す主体的・対話的で深い学びの実現に向けた授業改善を通して，創意工夫を生かした特色ある教育活動を展開する中で，次の(1)から(3)までに掲げる事項の実現を図り，児童に生きる力を育むことを目指すものとする。

(1) 基礎的・基本的な知識及び技能を確実に習得させ，これらを活用して課題を解決するために必要な思考力，判断力，表現力等を育むとともに，主体的に学習に取り組む態度を養い，個性を生かし多様な人々との協働を促す教育の充実に努めること。その際，児童の発達の段階を考慮して，児童の言語活動など，学習の基盤をつくる活動を充実するとともに，家庭との連携を図りながら，児童の学習習慣が確立するよう配慮すること。

(2) 道徳教育や体験活動，多様な表現や鑑賞の活動等を通して，豊かな心や創造性の涵かん養を目指した教育の充実に努めること。

学校における道徳教育は，特別の教科である道徳（以下「道徳科」という。）を要として学校の教育活動全体を通じて行うものであり，道徳科はもとより，各教科，外国語活動，総合的な学習の時間及び特別活動のそれぞれの特質に応じて，児童の発達の段階を考慮して，適切な指導を行うこと。

道徳教育は，教育基本法及び学校教育法に定められた教育の根本精神に基づき，自己の生き方を考え，主体的な判断の下に行動し，自立した人間として他者と共によりよく生きるための基盤となる道徳性を養うことを目標とすること。

道徳教育を進めるに当たっては，人間尊重の精神と生命に対する畏敬の念を家庭，学校，その他社会における具体的な生活の中に生かし，豊かな心をもち，伝統と文化を尊重し，それらを育んできた我が国と郷土を愛し，個性豊かな文化の創造を図るとともに，平和で民主的な国家及び社会の形成者として，公共の精神を尊び，社会及び国家の発展に努め，他国を尊重し，国際社会の平和と発展や環境の保全に貢献し未来を拓ひらく主体性のある日本人の育成に資することとなるよう特に留意すること。

(3) 学校における体育・健康に関する指導を，

児童の発達の段階を考慮して，学校の教育活動全体を通じて適切に行うことにより，健康で安全な生活と豊かなスポーツライフの実現を目指した教育の充実に努めること。特に，学校における食育の推進並びに体力の向上に関する指導，安全に関する指導及び心身の健康の保持増進に関する指導については，体育科，家庭科及び特別活動の時間はもとより，各教科，道徳科，外国語活動及び総合的な学習の時間などにおいてもそれぞれの特質に応じて適切に行うよう努めること。また，それらの指導を通して，家庭や地域社会との連携を図りながら，日常生活において適切な体育・健康に関する活動の実践を促し，生涯を通じて健康・安全で活力ある生活を送るための基礎が培われるよう配慮すること。

3 2の(1)から(3)までに掲げる事項の実現を図り，豊かな創造性を備え持続可能な社会の創り手となることが期待される児童に，生きる力を育むことを目指すに当たっては，学校教育全体並びに各教科，道徳科，外国語活動，総合的な学習の時間及び特別活動（以下「各教科等」という。ただし，第2の3の(2)のア及びウにおいて，特別活動については学級活動（学校給食に係るものを除く。）に限る。）の指導を通してどのような資質・能力の育成を目指すのかを明確にしながら，教育活動の充実を図るものとする。その際，児童の発達の段階や特性等を踏まえつつ，次に掲げることが偏りなく実現できるようにするものとする。

(1) 知識及び技能が習得されるようにすること。

(2) 思考力，判断力，表現力等を育成すること。

(3) 学びに向かう力，人間性等を涵かん養すること。

4 各学校においては，児童や学校，地域の実態を適切に把握し，教育の目的や目標の実現に必要な教育の内容等を教科等横断的な視点で組み立てていくこと，教育課程の実施状況を評価してその改善を図っていくこと，教育課程の実施に必要な人的又は物的な体制を確保するとともにその改善を図っていくことなどを通して，教育課程に基づき組織的かつ計画的に各学校の教育活動の質の向上を図っていくこと（以下「カリキュラム・マネジメント」という。）に努めるものとする。

■小学校学習指導要領（平成29年告示）解説（抄）

カリキュラム・マネジメントの充実
（手順の一例）

(1)　教育課程の編成に対する学校の基本方針を明確にする。基本方針を明確にするということは，教育課程の編成に対する学校の姿勢や作業計画の大綱を明らかにするとともに，それらについて全
教職員が共通理解をもつことである。

ア　学校として教育課程の意義，教育課程の編成の原則などの編成に対する基本的な考え方を明確にし，全教職員が共通理解をもつ。

イ　編成のための作業内容や作業手順の大綱を決め，作業計画の全体について全教職員が共通理解をもつ。

(2)　教育課程の編成・実施のための組織と日程を決める。

教育課程の編成・実施は，校長のリーダーシップの下，組織的かつ計画的に取り組む必要がある。教育課程の編成・実施を担当する組織を確立するとともに，それを学校の組織全体の中に明確に位置付ける。

また，編成・実施の作業日程を明確にするとともに，学校が行う他の諸活動との調和を図る。その際，既存の組織や各種会議の在り方を見直し必要に応じ精選を図るなど業務改善の視点をもつことも重要である。

ア　編成・実施のための組織を決める。

(ｱ)　編成・実施に当たる組織及び各種会議の役割や相互関係について基本的な考え方を明確にする。

(ｲ)　編成・実施に当たる組織及び各種会議を学校の組織全体の中に位置付け，組織内の役割や分担を具体的に決める。

イ　編成・実施のための作業日程を決める。

分担作業やその調整を含めて，各作業ごとの具体的な日程を決める。

(3)　教育課程の編成のための事前の研究や調査をする。事前の研究や調査によって，教育課程についての国や教育委員会の基準の趣旨を理解するとともに，教育課程の編成に関わる学校の実態や諸条件を把握する。

ア　教育課程についての国の基準や教育委員会の規則などを研究し理解する。

イ　児童の心身の発達の段階や特性，学校及び地域の実態を把握する。その際，保護者や地域住民の意向，児童の状況等を把握することに留意する。

(4)　学校の教育目標など教育課程の編成の基本となる事項を定める。

学校の教育目標など教育課程の編成の基本となる事項は，学校教育の目的や目標及び教育課程の基準に基づきながら，しかも各学校が当面する教育課題の解決を目指し，両者を統一的に把握して設定する。

ア　事前の研究や調査の結果を検討し，学校教育の目的や目標に照らして，それぞれの学校や児童が直面している教育課題を明確にする。

イ　学校教育の目的や目標を調和的に達成するため，各学校の教育課題に応じて，学校の教育目標など教育課程の編成の基本となる事項を設定する。

ウ　編成に当たって，特に留意すべき点を明確にする。

(5)　教育課程を編成する。

教育課程は学校の教育目標の実現を目指して，指導内容を選択し，組織し，それに必要な授業時数を定めて編成する。

ア　指導内容を選択する。

(ｱ)　指導内容について，その基礎的・基本的な知識及び技能を明確にする。

(ｲ)　学校の教育目標の有効な達成を図るため，重点を置くべき指導内容を明確にする。

(ｳ)　各教科等の指導において，基礎的・基本的な知識及び技能の確実な習得と思考力，判断力，表現力等の育成を図るとともに，主体的に学習に取り組む態度を養う指導の充実や個に応じた指導を推進するよう配慮する。

(ｴ)　学校の教育活動全体を通じて行う道徳教育及び体育・健康に関する指導について，適切な指導がなされるよう配慮する。

(ｵ)　学習の基盤となる資質・能力や現代的な諸課題に対応して求められる資質・能力など，学校として，教科等横断的な視点で育成を目指す資質・能力を明確にし，その育成に向けた適切な指導がなされるよう配慮する。

(ｶ)　児童や学校，地域の実態に応じて学校が創意を生かして行う総合的な学習の時間を適切に展開できるよう配慮する。

(ｷ)　各教科等の指導内容に取り上げた事項について，主体的・対話的で深い学びの実現に向けた授業改善を通して資質・能力を育む効果的な指導ができるよう，単元や題材など内容や時間のまとまりを見通しながら，そのまとめ方や重点の置き方を検討する。

イ 指導内容を組織する。

(ア) 各教科, 道徳科, 外国語活動, 総合的な学習の時間及び特別活動について, 各教科等間の指導内容相互の関連を図る。

(イ) 各教科等の指導内容相互の関連を明確にする。

(ウ) 発展的, 系統的な指導ができるように指導内容を配列し組織する。特に, 内容を2学年まとめて示した教科については, 2学年間を見通した適切な指導計画を作成する。

(エ) 各学年において, 合科的・関連的な指導について配慮する。

ウ 授業時数を配当する。

(ア) 指導内容との関連において, 各教科, 道徳科, 外国語活動, 総
合的な学習の時間及び特別活動の年間授業時数を定める。

(イ) 各教科等や学習活動の特質に応じて, 創意工夫を生かし, 1年間の中で, 学期, 月, 週ごとの各教科等の授業時数を定める。

(ウ) 各教科等の授業の1単位時間を, 児童の発達の段階及び各教科等や学習活動の特質を考慮して適切に定める。

(6) 教育課程を評価し改善する。実施中の教育課程を検討し評価して, その改善点を明確にして改善を図る。

ア 評価の資料を収集し, 検討する。

イ 整理した問題点を検討し, 原因と背景を明らかにする。

ウ 改善案をつくり, 実施する。

■生徒指導提要 (2010) (抄)
第1章 生徒指導の意義と原理
第1節 生徒指導の意義と課題
1 生徒指導の意義

生徒指導とは, 一人一人の児童生徒の人格を尊重し, 個性の伸長を図りながら, 社会的資質や行動力を高めることを目指して行われる教育活動のことです。すなわち, 生徒指導は, すべての児童生徒のそれぞれの人格のよりよき発達を目指すとともに, 学校生活がすべての児童生徒にとって有意義で興味深く, 充実したものになることを目指しています。

生徒指導は学校の教育目標を達成する上で重要な機能を果たすものであり, 学習指導と並んで学校教育において重要な意義を持つものと言えます。

各学校においては, 生徒指導が, 教育課程の内外において一人一人の児童生徒の健全な成長を促し, 児童生徒自ら現在及び将来における自己実現を図っていくための自己指導能力の育成を目指すという生徒指導の積極的な意義を踏まえ, 学校の教育活動全体を通じ, その一層の充実を図っていくことが必要です。

自己実現の基礎にあるのは, 日常の学校生活の場面における様々な自己選択や自己決定です。そうした自己選択や自己決定の場や機会を与え, その過程において, 教職員が適切な指導や援助を行うことによって, 児童生徒を育てていくことにつながります。ただし, 自己決定や自己選択がそのまま自己実現を意味するわけではありません。選択や決定の際によく考えることや, その結果が不本意なものになっても真摯に受け止めること, 自らの選択や決定に従って努力することなどを通して, 将来における自己実現を可能にする力がはぐくまれていきます。また, そうした選択や決定の結果が周りの人や物に及ぼす影響や, 周りの人や物からの反応などを考慮しようとする姿勢も大切です。自己実現とは単に自分の欲求や要求を実現することにとどまらず, 集団や社会の一員として認められていくことを前提とした概念だからです。

自己指導能力をはぐくんでいくのは, 学習指導の場を含む, 学校生活のあらゆる場や機会です。授業や休み時間, 放課後, 部活動や地域における体験活動の場においても, 生徒指導を行うことが必要です。その際, 問題行動など目前の問題に対応するだけにとどめることがないようにする必要があります。発達の段階に応じた自己指導能力の育成を図るには, 各学校段階や各学年段階, また年齢と共に形成されてくる精神性や社会性の程度を考慮し, どの児童生徒にも一定水準の共通した能力が形成されるような計画的な生徒指導が求められます。

他方で, 個々の児童生徒の発達状況を踏まえた個別の指導や援助も大切です。足りない部分を補ったり, 望ましい部分をさらに伸ばしたりといったことも求められるからです。共通性を基盤に据えつつ個性のさらなる伸長を図っていくためには, 学校が組織として計画的に生徒指導を行っていくことが必要なのです。教育課程全体の中で生徒指導がどのように位置付けられ, 実際に行っていけばよいのかについて考えておくことが重要です。

■まち・ひと・しごと創生基本方針2018（抄）

Ⅰ．地方創生をめぐる現状認識等

１．我が国の人口減少・高齢化の現状

我が国の人口は，平成20年をピークに減少局面に入っている。平成29年10月１日現在の人口推計によると，我が国の総人口は１億2,670万6千人で，前年に比べ22万7千人の減少と，7年連続の減少となっている。65歳以上の高齢者人口は，3,515万2千人，総人口に占める割合（高齢化率）は27.7％と最高を記録し，我が国の高齢化は，世界的に見ても空前の速度と規模で進行している。合計特殊出生率（以下「出生率」という。）は平成17年に最低の1.26を記録した後上昇傾向となり平成27年には1.45まで上昇したものの，平成28年は1.44と2年ぶりに低下し，平成29年には1.43となった。一方，年間出生数は平成28年に97万7千人となり，明治32年の統計開始以来初めて100万人を割り込み，平成29年には94万6千人となった。

今後の見通しとして，平成29年の日本の将来推計人口（出生中位（死亡中位推計）では，近年の出生率の上昇傾向を反映して，将来の出生率の仮定が1.44と前回の1.35よりも高く設定されており，平成77年の総人口の推計は約670万人増加し8,808万人，老年（65歳以上人口割合の推計は2ポイント低下し38.4となり，人口減少の速度や高齢化の進行度合は，やや緩和されたものとなっている。

しかし，平成30年の日本の地域別将来推計人口4では，平成52年における推計値について，前回よりも総人口が減少した地方公共団体数は全体の約7割，年少（15歳未満人口割合が低下かつ老年人口割合が上昇した地方公共団体数は約5割となっている。人口規模別に分析すると，人口規模が大きい市町村では人口のピークが後年にずれているところも見られる一方で，人口規模の小さい市町村ほど人口減少や高齢化の傾向が強まっており，前回より厳しい状況となっている。平成57年の総人口は，東京都を除いたすべての道府県で平成27年を下回ると推計されており，全体的な動向において，我が国の人口減少に歯止めがかかるような状況とはなっておらず，我が国における将来の人口減少と高齢化は依然として深刻な状況である。

Ⅱ．地方創生の基本方針

2「わくわく地方生活実現政策パッケージ」の策定・実行

地方には，通勤時間が短く家族との時間が取りやすいこと，身近に自然と触れ合えること，新鮮な地元農産物による豊かな食生活が送れること，生活費や住宅取得コストが低いため，収入が低くても広い住宅で豊かな暮らしを送れることなどの「実質的豊かさ」をはじめ，固有の歴史・文化・伝統などの魅力があふれている。また「恵まれた環境の中で仕事や研究に専念したい」，「地域の伝統ある文化・芸術活動に携わりたい」，「地域特性を活かした起業にチャレンジしたい」，「競争相手の少ない地方でビジネスチャンスを見いだしたい」，「自然豊かな地方で子どもの生きる力や考える力を育む子育てをしたい」，「親の介護をしながら働き続けたい」，「会社引退後も就業を通じて社会と接点を持ちたい」，「心にゆとりのある暮らしをしたい」といった様々な理由で地方に移住する動きが見られる。また，近年若い世代を中心に都市部から過疎地域等の農山漁村へ移住しようとする「田園回帰」の潮流が見られるとともに，「関係人口」という動きも出てきている。しかしながら，若者を中心として地方から東京圏へ毎年10万人を超える転出超過が続いており，また平成12年から平成27年までにかけて地方の若者は約3割減少（532万人減）している。これに伴い，15歳以上の就業者については，東京圏では増加160万人しているのに対し，地方では大幅に減少228万人減している15。このうち，男性（15 64歳）の就業者については，東京圏では微減にとどまる（25万人減）のに対し地方圏では東京圏への転出超過の影響もあり大きく減少（310万人減）している。女性15 64歳）の就業者については，東京圏では増加91万人増しているのに対し，地方では大きく減少72万人減しており，就業率をみると，地方の増加率は東京圏を下回る（東京圏は10.5ポイント増，地方は6.9ポイント増。また，高齢者65歳以上）の就業者については，東京圏，地方ともに増加（東京圏は94万人増，地方は154万人増）しているが，地方での就業率は減少（1ポイント減）している。こうした中で，地方において，中小企業を中心として企業の人手不足感が高まっており，今後の成長制約となる可能性がある。このような現状を踏まえ，まち・ひと・しごと創生担当大臣の下で，有識者から成る「わくわく地方生活実現会議」を開催し，地方において個人の希望をかなえるという質的な視点はもとより，地方における担い手確保という量的な視点

をも実現する観点から，若者等が夢や希望を抱いて地方へ移住する動きを加速させ，女性や高齢者等の活躍，外国人材の活用等を推進するための包括的かつ大胆な取組について議論を行い，6月5日に報告書を取りまとめた。この内容を踏まえ，まち・ひと・しごと創生本部が司令塔となって関係府省と連携して，以下の(1)から(4)から成る「わくわく 地方生活実現政策パッケージ」を策定し，地方創生を大胆に実行する。

(1) 若者を中心とした UIJ ターン対策の抜本的強化

(2) 女性・高齢者等の活躍による新規就業者の掘り起こし

(3) 地方における外国人材の活用

(4) 国民の関心を惹きつける効果的・戦略的な情報発信

3．人生100年時代の視点に立った地方創生

人生100年時代を迎えるに当たり，人々は「20年学び，40年働き，20年休む」という人生に加え，多様な生き方を選択するようになる。さらに，インターネットの普及や交通インフラの発達により，地方や東京，更には海外も含め，それぞれの人生に合わせて生きる場所を選ぶようになる。地方にとって，こうした状況はチャンスである。地方が，生活費や住宅取得コストの低さ，豊かな自然，固有の文化などの強みを活かし，新たなチャレンジの場やゆとりのある生活の場として多様な人材を集め 地域の活性化につなげていく必要がある。

人生100年時代の視点に立つと，地方創生には「まなび」の充実も欠かせない。地方から東京に学びに出て，一回り成長して戻ってくることもあれば，東京から地方に学びに出て，地方の魅力に惹かれてそのまま住み続けることもある。学び直しは，仕事への挑戦や地域への貢献等で，新たな可能性を生む。また，人生100年時代を迎える中で，人の人生が多様化していくように，地方にもそれぞれのまちに合った未来の姿がある。それぞれの地域において人々が安心して生活でき，地域を元気にすることが，日本を元気にし，国土の維持・発展につながる。そのためには，地域が，地産地消や分散型エネルギー等，近未来技術の社会実装等を活用しつつ，「稼ぐ力」を磨き上げ，経済的自立を目指すことが重要である。上記の観点をもって，次期5か年の地方創生の「総合戦略」を検討して

いかなければならない。

■グローバル人材育成推進事業（抄）

【趣旨】

　「グローバル人材育成推進事業」は，若い世代の「内向き志向」を克服し，国際的な産業競争力の向上や国と国の絆の強化の基盤として，グローバルな舞台に積極的に挑戦し活躍できる人材の育成を図るべく，大学教育のグローバル化を目的とした体制整備を推進する事業に対して重点的に財政支援することを目的としています。

【概要】

タイプA（全学推進型）（平成24年度：1,995百万円）

　本事業において設定する目標について，大学全体でその達成を目指す取組を対象。なお，本タイプ採択大学においては，国内大学のグローバル化を先導する大学として，他の大学のグローバル化推進に貢献する取組の実施が求められる。

タイプB（特色型）（平成24年度：2,985百万円）

　本事業において設定する目標について，本構想の対象となる学部・研究科等でその達成を目指す取組を対象。なお，本タイプ採択大学においては，学内のグローバル化を先導する部局以外の他の学部・研究科等を含めた大学全体のグローバル化推進に貢献する取組の実施が求められる。

■スーパーグローバルハイスクールについて（抄）

　高等学校等におけるグローバル・リーダー育成に資する教育を通して，生徒の社会課題に対する関心と深い教養，コミュニケーション能力，問題解決力等の国際的素養を身に付け，もって，将来，国際的に活躍できるグローバル・リーダーの育成を図ることを目的としています。

スーパーグローバルハイスクールの高等学校等は，目指すべきグローバル人物像を設定し，国際化を進める国内外の大学を中心に，企業，国際機関等と連携を図り，グローバルな社会課題，ビジネス課題をテーマに横断的・総合的な学習，探究的な学習を行います。

学習活動において，課題研究のテーマに関する国内外のフィールドワークを実施し，高校生自身の目で見聞を広げ，挑戦することが求められます。

指定されている学校の目指すべき人物像や具体的な課題の設定，学習内容は，地域や学校の特性を生かしたものとなっております

国連の関連文書

■国際連合憲章（抄）

われら連合国の人民は，

われらの一生のうちに二度まで言語に絶する悲哀を人類に与えた戦争の惨害から将来の世代を救い，基本的人権と人間の尊厳及び価値と男女及び大小各国の同権とに関する信念をあらためて確認し，正義と条約その他の国際法の源泉から生ずる義務の尊重とを維持することができる条件を確立し，一層大きな自由の中で社会的進歩と生活水準の向上とを促進すること，並びに，このために，寛容を実行し，且つ，善良な隣人として互に平和に生活し，国際の平和及び安全を維持するためにわれらの力を合わせ，共同の利益の場合を除く外は武力を用いないことを原則の受諾と方法の設定によって確保し，すべての人民の経済的及び社会的発達を促進するために国際機構を用いることを決意して，これらの目的を達成するために，われらの努力を結集することに決定した。よって，われらの各自の政府は，サン・フランシスコ市に会合し，全権委任状を示してそれが良好妥当であると認められた代表者を通じて，この国際連合憲章に同意したので，ここに国際連合という国際機関を設ける。

第1章　目的及び原則
第1条〔目的〕

国際連合の目的は，次の通りである。

1　国際の平和及び安全を維持すること。そのために，平和に対する脅威の防止及び除去と侵略行為その他の平和の破壊の鎮圧とのため有効な集団的措置をとること並びに平和を破壊するに至る虞のある国際的の紛争又は事態の調整又は解決を平和的手段によって且つ正義及び国際法の原則に従って実現すること。

2　人民の同権及び自決の原則の尊重に基礎をおく諸国間の友好関係を発展させること並びに世界平和を強化するために他の適当な措置をとること。

3　経済的，社会的，文化的又は人道的性質を有する国際問題を解決することについて，並びに人種，性，言語又は宗教による差別なくすべての者のために人権及び基本的自由を尊重するように助長奨励することについて，国際協力を達成すること。

4　これらの共通の目的の達成に当って諸国の行動を調和するための中心となること。

■国際連合教育科学文化機関憲章（ユネスコ憲章）（抄）
前文

この憲章の当事国政府は，その国民に代って次のとおり宣言する。

戦争は人の心の中で生れるものであるから，人の心の中に平和のとりでを築かなければならない。

相互の風習と生活を知らないことは，人類の歴史を通じて世界の諸人民の間に疑惑と不信をおこした共通の原因であり，この疑惑と不信のために，諸人民の不一致があまりにもしばしば戦争となった。

ここに終りを告げた恐るべき大戦争は，人間の尊厳・平等・相互の尊重という民主主義の原理を否認し，これらの原理の代りに，無知と偏見を通じて人間と人種の不平等という教義をひろめることによって可能にされた戦争であった。

文化の広い普及と正義・自由・平和のための人類の教育とは，人間の尊厳に欠くことのできないものであり，且つすべての国民が相互の援助及び相互の関心の精神をもって果さなければならない神聖な義務である。

政府の政治的及び経済的取極のみに基く平和は，世界の諸人民の，一致した，しかも永続する誠実な支持を確保できる平和ではない。よって平和は，失われないためには，人類の知的及び精神的連帯の上に築かなければならない。

これらの理由によって，この憲章の当事国は，すべての人に教育の充分で平等な機会が与えられ，客観的真理が拘束を受けずに探究され，且つ，思想と知識が自由に交換されるべきことを信じて，その国民の間における伝達の方法を発展させ及び増加させることに並びに相互に理解し及び相互の生活を一層真実に一層完全に知るためにこの伝達の方法を用いることに一致し及び決意している。

その結果，当事国は，世界の諸人民の教育，

科学及び文化上の関係を通じて，国際連合の設立の目的であり，且つその憲章が宣言している国際平和と人類の共通の福祉という目的を促進するために，ここに国際連合教育科学文化機関を創設する。

第1条　目的及び任務

　1　この機関の目的は，国際連合憲章が世界の諸人民に対して人種，性，言語又は宗教の差別なく確認している正義，法の支配，人権及び基本的自由に対する普遍的な尊重を助長するために教育，科学及び文化を通じて諸国民の間の協力を促進することによって，平和及び安全に貢献することである。

　2　この目的を実現するために，この機関は，次のことを行う。

(a)　大衆通報（マス・コミュニケーション）のあらゆる方法を通じて諸人民が相互に知り且つ理解することを促進する仕事に協力すること並びにこの目的で言語及び表象による思想の自由な交流を促進するために必要な国際協定を勧告すること。

(b)　次のようにして一般の教育と文化の普及とに新しい刺激を与えること。

　加盟国の要請によって教育事業の発展のためにその国と協力すること。人種，性又は経済的若しくは社会的な差別にかかわらない教育の機会均等の理想を進めるために，諸国民の間における協力の関係をつくること。自由の責任に対して世界の児童を準備させるのに最も適した教育方法を示唆すること。

(c)　次のようにして知識を維持し，増進し，且つ，普及すること。

　世界の遺産である図書，芸術作品並びに歴史及び科学の記念物の保存及び保護を確保し，且つ，関係諸国民に対して必要な国際条約を勧告すること。教育，科学及び文化の分野で活動している人々との国際的交換並びに出版物，芸術的及び科学的に意義のある物その他の参考資料の交換を含む知的活動のすべての部門における諸国民の間の協力を奨励すること。いずれの国で作成された印刷物及び刊行物でもすべての国の人民が利用できるようにする国際協力の方法を発案すること。

　3　この機関の加盟国の文化及び教育制度の独立，統一性及び実りの多い多様性を維持するために，この機関は，加盟国の国内管轄権に本質的に属する事項に干渉することを禁止され

る。

■地球サミット＋5—アジェンダ21の実施を検討・評価するための国連特別総会（ニューヨーク，1997年6月23〜27日，国際連合広報センター（非公式訳））

環境と開発に関する世界委員会（ブルントラント委員会）報告書 – 1987年 – 『Our Common Future（邦題：我ら共有の未来）』について

将来の持続

環境が国際的な議題に上ったのは，1972年，スウェーデンのストックホルムで国連人間環境会議が開催されたときのことでした。その後の数年間には，環境を国家の開発計画と意思決定に組み入れる上で，あまり大きな成果が見られませんでした。科学的・技術的問題については何らかの進展が見られたものの，政治的に，環境は依然として軽視されたため，オゾン層の破壊，地球温暖化，森林伐採およびその他の環境問題は深刻化していったのです。1983年に国連が環境と開発に関する世界委員会（World Commissionon Environment and Development）を設置した時点で，環境保全は誰にとっても明らかに生存にかかわる問題となっていました。ノルウェーのグロ・ハルレム・ブルントラント（Gro Harlem Brundtland）氏の指揮のもと，世界委員会は，「将来の世代が自らのニーズを充足する能力を損なわずに現在のニーズ」を充足するためには，環境保護と経済成長を一つの問題として取り扱わなければならないと結論しました。このブルントラント報告書を受けて，国連総会は，国連環境開発会議（UNCED）を招集しました。通称「地球サミット」と呼ばれるこの会議は，1992年6月3日から14日まで，リオデジャネイロで開催されました。地球サミットは，環境と開発の問題に関する国際交渉の転換点となるものでした。地球サミットの第一の目標は，現在と将来の世代の経済的，社会的および環境的ニーズの間に衡平なバランスを保つとともに，ニーズと利益の共有という共通した理解に基づき，先進国と開発途上国，および，政府と市民社政府と市民社会セクターとの間の地球的パートナーシップの基礎を築くことにありました。

■ ESD の10年国際実施計画を読むためのガイド（ESD-J, 2005）

そもそも，国際実施計画とは？

いよいよ2005年がスタートしました。旗ふり役の国連では，いままさに「ESD の10年」を成功させるための，「国際実施計画」が決まろうとしています。しかし，そもそも「国際実施計画」とはどんなものなのでしょうか？　日本政府へ政策を提言しているプロジェクトチームのリーダー，池田満之さんにまとめていただきました。

Q１．なぜ作成するのですか？　なぜ必要なのでしょうか？

国際実施計画は，2003年から始まった「国連識字の10年」などでもつくられてきています。国際実施計画は，各国の行動計画がバラバラで一貫性のないものとなることのないよう，国連によってつくられるものです。よって，「○○の10年」を成功裡に実施するための基本的な要件と行動の焦点が明示されています。また，国連は各国政府に，「ESD の10年」を実施するための措置をそれぞれの国の教育戦略や行動計画に盛り込むことを求めていますが，国際実施計画はそのための指針（国レベルの実施にかかわる原則）も示しています。

Q２．誰がつくっているのですか？

第57回国連総会（2002年12月）において，ユネスコ（国連教育科学文化機関）をリードエージェンシー（先導機関）とし，ユネスコが世界各地の専門家や関連の国連機関などと協力して策定することとなりました。ユネスコを指定した理由は，「ESD の10年」が教育に関する国連政策であることから，国連における教育に関する専門機関であるユネスコが選ばれたと言えます。

Q３．どういうポリシーでつくっているのですか？

ESD は，「ミレニアム開発目標」や「万人のための教育」など，ほかの教育目標や課題と結びついていて，新規のプログラムではありません。既存の教育における政策，プログラム，実施を ESD という視点で新たな方向へと転換することを求めています。また，推進にさいしては，できるだけ多くの主体が参加するようなパートナーシップ・アプローチが重要であることをとくに強調しています。

なお，先進国における ESD 活動の中心は，環境教育，平和教育，開発教育，ジェンダー・子ども人権教育，国際理解教育にあり，途上国では貧困撲滅教育を中核とした開発教育，HIV/エイズ教育，紛争防止教育が中心にある点なども考慮し，ESD の対象分野の例示にあたっては，先進国と途上国が抱えている課題の双方が含まれています。

Q４．できたらどうなるのですか？

国際実施計画は，「ESD の10年」をすすめていくうえでの大きな枠。道しるべ的な存在です。この「ESD の10年」というのは，1992年の地球サミットから10年後に，世界の環境が本当によくなったのかを検証したヨハネスブルグ・サミットでつくられたものです。世界各国が口先だけでなく，国際社会の一員としての責務を果たすべく，実効性のある行動・実践を自ら行っていくこと，そのためのしっかりした人づくりが重要と合意され，国連決議によって実施が決定されたものです。罰則を伴う法令などで縛り付けなければ国際実施計画の実効性が得られないというようなことにはしたくないものですし，そうすべきものでもありません。

■ わが国における国連持続可能な開発のための教育の十年実施計画（抄）

平成18年３月30日決定 平成23年６月３日改訂
「国連持続可能な開発のための教育の10年」関係省庁連絡会

１．序 2002年12月の国連総会において，2005年から2014年までの10年間を「国連持続可能な開発のための教育の10年」とすることが決議されました。（以下，持続可能な開発のための教育（Education for Sustainable Development）を「ESD」と表記します。）これを受けて，政府は，2005年12月，「国連持続可能な開発のための教育の10年」に係る施策の実施について，関係行政機関相互間の緊密な連携を図り，総合的かつ効果的な推進を図るため，「国連持続可能な開発のための教育の10年」関係省庁連絡会議（以下「連絡会議」）を内閣に設置しました。連絡会議では，2006年３月に各方面から寄せられた意見等にも十分に配慮しつつ検討を進め，我が国における「国連持続可能な開発のための教育の10年」に関する実施計画を定めました。その後の世界の状況を見ると，人口が増加する一方で，地球温暖化は進行し，穀物生産量は伸び悩み，深刻な水のストレス（制約）を受ける人口は増え，生物の多様性は失われています。また，国内では少子高齢化が進む中で，「格差

社会」、「無縁社会」といった言葉が広く話題に上っています。持続可能な世界の実現、健康で文化的な生活を保障し、人と人のつながり、人と自然のつながりを大切にする地域づくり、それらの基礎となる教育の重要性は、国際的にも、国内的にも一層高まってきています。2009年にドイツで開催されたESD世界会議で取りまとめられたボン宣言にも、より強力な政治的コミットメントと断固たる行動が求められている、と記述されました。この度、有識者から成る「国連持続可能な開発のための教育の10年」円卓会議を開催して意見交換も行いながら2009年までの前半5年の評価を行い、それを基に実施計画の改訂を行いました。改訂のポイントは以下のとおりです。・前半5年の取組について追記。・ESDの普及促進をさらに加速させ、ESDの「見える化」、「つながる化」を推進。・新しい学習指導要領に基づいたESDの実践、ESDの推進拠点としてのユネスコスクールの活用など、学校教育を活用してESDを推進。・新しい公共の概念との関係を明記。・2014年の最終年の先も見据えたESDの更なる促進。政府としては、関係省庁が連携してこの改訂した実施計画に掲げられた諸施策を着実に実施することにより、ESDの更なる積極的な推進を図り、もって、あらゆる人々が、質の高い教育の恩恵を享受し、また、持続可能な将来と社会の変革のために求められる価値観、行動、及びライフスタイルを学び、各主体が持続可能な社会づくりに参加する世界を実現することを期するものです。なお、2011年3月11日に発生した東日本大震災及びそれに起因する原子力発電所事故、電力不足の状況等は、我が国におけるESDの実施のあり方にも大きな影響を及ぼすものです。例えば、今次の大震災は、自然災害への万全な備えが、持続可能な発展のために絶対的な必要条件であることに改めて気づかせ、これまで以上に、自然への理解を深めること、自然との共生のあり方について真剣に考えることが必要だと思い知らせました。また、東日本大震災及びそれに起因する原子力発電所事故、電力不足の状況等に直面することにより、多くの人がエネルギーの供給と利用のあり方を含む「持続可能な社会」像を考え直さなければならないと感じています。さらに、我が国は被災地を中心として復旧にとどまらず、新しい地域づくり、社会づくりを日本全体で構想していくこととなりますが、「持続可能な社会」

はその際の柱となる考え方の一つとなると思われます。他方で、現下の状況を見ると、大震災による被害から安心した日常生活を取り戻すのにも、まだしばらく時間がかかる状況にあります。大震災等の経験を基にした教訓や復興についての考え方をまとめ、それをESD実施計画に反映させるには、もう少し時間を要します。このため、大震災や原子力発電所事故等の経験を基にした教訓や復興についての考え方をESDの推進にどう生かしていくかについては、被災地の安定等を待って改めて議論し、それを踏まえて再度実施計画を改訂することとします。

■我々の世界を変革する：持続可能な開発のための2030アジェンダ（抄）（外務省仮約）

前文

このアジェンダは、人間、地球及び繁栄のための行動計画である。これはまた、より大きな自由における普遍的な平和の強化を追求するものでもある。我々は、極端な貧困を含む、あらゆる形態と側面の貧困を撲滅することが最大の地球規模の課題であり、持続可能な開発のための不可欠な必要条件であると認識する。

すべての国及びすべてのステークホルダーは、協働的なパートナーシップの下、この計画を実行する。我々は、人類を貧困の恐怖及び欠乏の専制から解き放ち、地球を癒やし安全にすることを決意している。我々は、世界を持続的かつ強靱（レジリエント）な道筋に移行させるために緊急に必要な、大胆かつ変革的な手段をとることに決意している。我々はこの共同の旅路に乗り出すにあたり、誰一人取り残さないことを誓う。今日我々が発表する17の持続可能な開発のための目標SDGsと、169のターゲットは、この新しく普遍的なアジェンダの規模と野心を示している。これらの目標とターゲットは、ミレニアム開発目標MDGsを基にして、ミレニアム開発目標が達成できなかったものを全うすることを目指すものである。これらは、すべての人々の人権を実現しジェンダー平等とすべての女性と女児の能力強化を達成することを目指す。これらの目標及びターゲットは、統合され不可分のものであり、持続可能な開発の三側面、すなわち経済、社会及び環境の三側面を調和させるものである。

これらの目標及びターゲットは、人類及び地球にとり極めて重要な分野で向こう15年間にわ

たり行動を促進するものになろう。

人間

我々は，あらゆる形態及び側面において貧困と飢餓に終止符を打ち，すべての人間が尊厳と平等の下に，そして健康な環境の下に，その持てる潜在能力を発揮することができることを確保することを決意する。

地球

我々は，地球が現在及び将来の世代の需要を支えることができる将来の世代の需要を支えることができるように，持続可能な消持続可能な消費費及び及び生産，天然資源の持続可能な管理並びに気候変動に関するに関する緊急の行動をとることを含めて，地球を破壊から守ることを決意する。我々はすべての人間が豊かで満たされた生活を享受することができること，また，経済的，社会的及び技術的な進歩が自然との調和のうちに技術的な進歩が生じることを確保することを決意する。

平和

我々は，恐怖及び暴力から自由であり平和的，公正かつ包摂的な社会を育んでいくことを決意する。平和なくしては持続可能な開発はあり得ず持続可能な開発なくして平和もあり得ない。

パートナーシップ

我々は，強化された地球規模の連帯の精神に基づき，最も貧しく最も脆弱な人々の必要に特別の焦点をあてに，全ての国，全てのステークホルダー及び全ての人の参加を得て，再活性化された「持続可能な開発のためのグローバル・パートナーシップ」を通じてこのアジェンダを実施するに必要とされる手段を動員することを決意する。

持続可能な開発目標の相互関連性及び統合された性質は，この新たなアジェンダ（以後「新アジェンダ」と呼称）の目的が実現されることを確保する上で極めて重要である。もし我々がこのアジェンダのすべての範囲にわたり自らの野心を実現することができれば，すべての人々の生活は大いに改善され我々の世界はより良いものへと変革されるであろう。

持続可能な開発目標

目標1．あらゆる場所のあらゆる形態の貧困を

終わらせる

目標2．飢餓を終わらせ，食料 安全保障及び栄養改善を実現し，持続可能な農業を促進する

目標3．あらゆる年齢のすべての人々の健康的な生活を確保し福祉を促進する

目標4．すべての人々への包摂的かつ公正な質の高い教育を提供し，生涯学習の機会を促進する

目標5．ジェンダー平等を達成し，すべての女性及び女児の能力強化を行う

目標6．すべての人々の水と衛生の利用可能性と持続可能な管理を確保する

目標7．すべての人々の，安価かつ信頼できる持続可能な近代的エネルギーへのアクセスを確保する

目標8．包摂的かつ持続可能な経済成長及びすべての人々の完全かつ生産的な雇用と働きがいのある人間らしい雇用ディーセント・ワークを促進する

目標9．強靱（レジリエント）な【跳ね返す力のある（編者訳）】インフラ構築，包摂的かつ持続可能な産業化の促進及びイノベーションの推進を図る

目標10．各国内及び各国間の不平等を是正する

目標11．包摂的で安全かつ強靱（レジリエント）で持続可能な都市及び人間居住を実現する

目標12．持続可能な生産消費形態を確保する

目標13．気候変動及びその影響を軽減するための緊急対策を講じる

目標14．持続可能な開発のために 海洋・海洋資源を保全し，持続可能な形で利用する

目標15．陸域生態系の保護，回復，持続可能な利用の推進，持続可能な森林の経営，砂漠化への対処，ならびに土地の劣化の阻止・回復及び生物多様性の損失を阻止する

目標16．持続可能な開発のための平和で包摂的な社会を促進し，すべての人々に司法へのアクセスを提供し，あらゆるレベルにおいて効果的で説明責任のある包摂的な制度を構築する

目標17．持続可能な開発のための実施手段を強化し，グローバル・パートナーシップを活性化する

条　約

■子どもの権利条約（抄）

第1条

　この条約の適用上，児童とは，18歳未満のす

べての者をいう。ただし、当該児童で、その者に適用される法律によりより早く成年に達したものを除く。

第2条

　1．締約国は、その管轄の下にある児童に対し、児童又はその父母若しくは法定保護者の人種、皮膚の色、性、言語、宗教、政治的意見その他の意見、国民的、種族的若しくは社会的出身、財産、心身障害、出生又は他の地位にかかわらず、いかなる差別もなしにこの条約に定める権利を尊重し、及び確保する。

　2．締約国は、児童がその父母、法定保護者又は家族の構成員の地位、活動、表明した意見又は信念によるあらゆる形態の差別又は処罰から保護されることを確保するためのすべての適当な措置をとる。

第3条

　1．児童に関するすべての措置をとるに当たっては、公的若しくは私的な社会福祉施設、裁判所、行政当局又は立法機関のいずれによって行われるものであっても、児童の最善の利益が主として考慮されるものとする。

　2．締約国は、児童の父母、法定保護者又は児童について法的に責任を有する他の者の権利及び義務を考慮に入れて、児童の福祉に必要な保護及び養護を確保することを約束し、このため、すべての適当な立法上及び行政上の措置をとる。

　3．締約国は、児童の養護又は保護のための施設、役務の提供及び設備が、特に安全及び健康の分野に関し並びにこれらの職員の数及び適格性並びに適正な監督に関し権限のある当局の設定した基準に適合することを確保する。

第4条

　締約国は、この条約において認められる権利の実現のため、すべての適当な立法措置、行政措置その他の措置を講ずる。締約国は、経済的、社会的及び文化的権利に関しては、自国における利用可能な手段の最大限の範囲内で、また、必要な場合には国際協力の枠内で、これらの措置を講ずる。

第5条

　締約国は、児童がこの条約において認められる権利を行使するに当たり、父母若しくは場合により地方の慣習により定められている大家族若しくは共同体の構成員、法定保護者又は児童について法的に責任を有する他の者がその児童の発達しつつある能力に適合する方法で適当な

指示及び指導を与える責任、権利及び義務を尊重する。

第6条

　1．締約国は、すべての児童が生命に対する固有の権利を有することを認める。

　2．締約国は、児童の生存及び発達を可能な最大限の範囲において確保する。

第7条

　1．児童は、出生の後直ちに登録される。児童は、出生の時から氏名を有する権利及び国籍を取得する権利を有するものとし、また、できる限りその父母を知りかつその父母によって養育される権利を有する。

　2．締約国は、特に児童が無国籍となる場合を含めて、国内法及びこの分野における関連する国際文書に基づく自国の義務に従い、1の権利の実現を確保する。

第8条

　1．締約国は、児童が法律によって認められた国籍、氏名及び家族関係を含むその身元関係事項について不法に干渉されることなく保持する権利を尊重することを約束する。

　2．締約国は、児童がその身元関係事項の一部又は全部を不法に奪われた場合には、その身元関係事項を速やかに回復するため、適当な援助及び保護を与える。

■障害者の権利に関する条約（抄）

第一条　目的

　この条約は、全ての障害者によるあらゆる人権及び基本的自由の完全かつ平等な享有を促進し、保護し、及び確保すること並びに障害者の固有の尊厳の尊重を促進することを目的とする。

　障害者には、長期的な身体的、精神的、知的又は感覚的な機能障害であって、様々な障壁との相互作用により他の者との平等を基礎として社会に完全かつ効果的に参加することを妨げ得るものを有する者を含む。

第二条　定義

　この条約の適用上、

　「意思疎通」とは、言語、文字の表示、点字、触覚を使った意思疎通、拡大文字、利用しやすいマルチメディア並びに筆記、音声、平易な言葉、朗読その他の補助的及び代替的な意思疎通の形態、手段及び様式（利用しやすい情報通信機器を含む。）をいう。

　「言語」とは、音声言語及び手話その他の形

態の非音声言語をいう。

　「障害に基づく差別」とは，障害に基づくあらゆる区別，排除又は制限であって，政治的，経済的，社会的，文化的，市民的その他のあらゆる分野において，他の者との平等を基礎として全ての人権及び基本的自由を認識し，享有し，又は行使することを害し，又は妨げる目的又は効果を有するものをいう。障害に基づく差別には，あらゆる形態の差別（合理的配慮の否定を含む。）を含む。

　「合理的配慮」とは，障害者が他の者との平等を基礎として全ての人権及び基本的自由を享有し，又は行使することを確保するための必要かつ適当な変更及び調整であって，特定の場合において必要とされるものであり，かつ，均衡を失した又は過度の負担を課さないものをいう。

　「ユニバーサルデザイン」とは，調整又は特別な設計を必要とすることなく，最大限可能な範囲で全ての人が使用することのできる製品，環境，計画及びサービスの設計をいう。ユニバーサルデザインは，特定の障害者の集団のための補装具が必要な場合には，これを排除するものではない。

第三条　一般原則

この条約の原則は，次のとおりとする。

(a)　固有の尊厳，個人の自律（自ら選択する自由を含む。）及び個人の自立の尊重

(b)　無差別

(c)　社会への完全かつ効果的な参加及び包容

(d)　差異の尊重並びに人間の多様性の一部及び人類の一員としての障害者の受入れ

(e)　機会の均等

(f)　施設及びサービス等の利用の容易さ

(g)　男女の平等

(h)　障害のある児童の発達しつつある能力の尊重及び障害のある児童がその同一性を保持する権利の尊重

第四条　一般的義務

　1　締約国は，障害に基づくいかなる差別もなしに，全ての障害者のあらゆる人権及び基本的自由を完全に実現することを確保し，及び促進することを約束する。このため，締約国は，次のことを約束する。

(a)　この条約において認められる権利の実現のため，全ての適当な立法措置，行政措置その他の措置をとること。

(b)　障害者に対する差別となる既存の法律，規則，慣習及び慣行を修正し，又は廃止するための全ての適当な措置（立法を含む。）をとること。

(c)　全ての政策及び計画において障害者の人権の保護及び促進を考慮に入れること。

(d)　この条約と両立しないいかなる行為又は慣行も差し控えること。また，公の当局及び機関がこの条約に従って行動することを確保すること。

(e)　いかなる個人，団体又は民間企業による障害に基づく差別も撤廃するための全ての適当な措置をとること。

(f)　第二条に規定するユニバーサルデザインの製品，サービス，設備及び施設であって，障害者に特有のニーズを満たすために必要な調節が可能な限り最小限であり，かつ，当該ニーズを満たすために必要な費用が最小限であるべきものについての研究及び開発を実施し，又は促進すること。また，当該ユニバーサルデザインの製品，サービス，設備及び施設の利用可能性及び使用を促進すること。さらに，基準及び指針を作成するに当たっては，ユニバーサルデザインが当該基準及び指針に含まれることを促進すること。

(g)　障害者に適した新たな機器（情報通信機器，移動補助具，補装具及び支援機器を含む。）についての研究及び開発を実施し，又は促進し，並びに当該新たな機器の利用可能性及び使用を促進すること。この場合において，締約国は，負担しやすい費用の機器を優先させる。

(h)　移動補助具，補装具及び支援機器（新たな機器を含む。）並びに他の形態の援助，支援サービス及び施設に関する情報であって，障害者にとって利用しやすいものを提供すること。

(i)　この条約において認められる権利によって保障される支援及びサービスをより良く提供するため，障害者と共に行動する専門家及び職員に対する当該権利に関する研修を促進すること。

　2　各締約国は，経済的，社会的及び文化的権利に関しては，これらの権利の完全な実現を漸進的に達成するため，自国における利用可能な手段を最大限に用いることにより，また，必要な場合には国際協力の枠内で，措置をとることを約束する。ただし，この条約に定める義務であって，国際法に従って直ちに適用されるものに影響を及ぼすものではない。

　3　締約国は，この条約を実施するための法

令及び政策の作成及び実施において，並びに障害者に関する問題についての他の意思決定過程において，障害者（障害のある児童を含む。以下この３において同じ。）を代表する団体を通じ，障害者と緊密に協議し，及び障害者を積極的に関与させる。

4　この条約のいかなる規定も，締約国の法律又は締約国について効力を有する国際法に含まれる規定であって障害者の権利の実現に一層貢献するものに影響を及ぼすものではない。この条約のいずれかの締約国において法律，条約，規則又は慣習によって認められ，又は存する人権及び基本的自由については，この条約がそれらの権利若しくは自由を認めていないこと又はその認める範囲がより狭いことを理由として，それらの権利及び自由を制限し，又は侵してはならない。

5　この条約は，いかなる制限又は例外もなしに，連邦国家の全ての地域について適用する。

第五条　平等及び無差別

1　締約国は，全ての者が，法律の前に又は法律に基づいて平等であり，並びにいかなる差別もなしに法律による平等の保護及び利益を受ける権利を有することを認める。

2　締約国は，障害に基づくあらゆる差別を禁止するものとし，いかなる理由による差別に対しても平等かつ効果的な法的保護を障害者に保障する。

3　締約国は，平等を促進し，及び差別を撤廃することを目的として，合理的配慮が提供されることを確保するための全ての適当な措置をとる。

4　障害者の事実上の平等を促進し，又は達成するために必要な特別の措置は，この条約に規定する差別と解してはならない。

教育史上の法・指針

■学制（抄）

三　学制の実施

学制の着手順序と文教施策

学制は近代教育制度の全般について企画し，将来に向かっての構想を示したものであるといえる。文部省は学制の実施に当たって着手の順序を定めており，全面的な実施は将来に期していたことが知られる。そのことについては，学制を制定する際に文部省が学制原案に添えて太政官に提出した文書の中に学制の着手順序を述べたものがある。この文書には，「後来ノ目的ヲ期シ当今着手之順序ヲ立ル如　レ　左」と前書きして，次の九項目をあげている。

一　厚クカヲ小学校ニ可用事
二　遠ニ師表学校ヲ興スヘキ事
三　一般ノ女子男子ト均シク教育ヲ被ラシムヘキ事
四　各大学区中漸次中学ヲ設クヘキ事
五　生徒階級ヲ踏ム極メテ厳ナラシムヘキ事
六　生徒成業ノ器アルモノハ務テ其大成ヲ期セシムヘキ事
七　商法学校一二所ヲ興ス事
八　凡諸学校ヲ設クルニ新築営繕ノ如キハ務テ完全ナルヲ期ス事
九　反訳ノ事業ヲ急ニスル事

右によって，文部省は学制の実施に当たってまず小学校に力を注ぎ，これを整備した上で，その基礎の上に中学校等をしだいに充実しようとしたことが知られる。また小学校と関連してその教員養成が急務であるとしており，師範学校の設立も小学校とともに重視した。

学制は明治五年八月公布とともにただちに実施されたわけではなかった。府県において学制を実施するために学区を定め，学区取締を置き，小学校が設立されはじめたのはおおむね六年四月以後であった。学制公布後，府県では実施の体制をしだいに整えたが，旧来の伝統も強く，また実施のための財政的裏づけもじゅうぶんでなかったために，学制を一挙に実施することは実際上困難であった。学制を実施するための国庫交付金すなわち府県への委託金（小学扶助委託金）は五年十一月にその金額が決定されたが，文部省はこれを交付する条件として，六年一月に中学区小学区の設定と学区取締の設置を府県に要求している。多くの府県ではこのころからようやく学制の実施に本格的に着手している。

文部省では六年三月欧米視察を終えて帰国した田中不二麻呂が中心となって学制の実施に当たった。また同年六月には文部省顧問としてアメリカから招かれたダビット・モルレー（David Murray）が着任し，その協力

と指導のもとに細部の規則等を定め，具体的施策を講じて府県の教育を指導し，学制を実施した。文部省内の督学局の官員は各大学区を巡視して実情をは握するとともに，中央の政策を地方に浸透させることに努めた。学制の規定をそのまま実施することは当時の日本の社会の実情から見て困難であったが，地方の教育関係者の協力と非常な辛苦によって，学制はしだいに地方に定着していったのである。

■教育勅語

教育ニ關スル勅語

朕惟フニ我カ皇祖皇宗國ヲ肇ムルコト宏遠ニ德ヲ樹ツルコト深厚ナリ我カ臣民克ク忠ニ克ク孝ニ億兆心ヲ一ニシテ世々厥ノ美ヲ濟セルハ此レ我カ國體ノ精華ニシテ教育ノ淵源亦實ニ此ニ存ス爾臣民父母ニ孝ニ兄弟ニ友ニ夫婦相和シ朋友相信シ恭儉己レヲ持シ博愛衆ニ及ホシ學ヲ修メ業ヲ習ヒ以テ智能ヲ啓發シ德器ヲ成就シ進テ公益ヲ廣メ世務ヲ開キ常ニ國憲ヲ重シ國法ニ遵ヒ一旦緩急アレハ義勇公ニ奉シ以テ天壤無窮ノ皇運ヲ扶翼スヘシ是ノ如キハ獨リ朕カ忠良ノ臣民タルノミナラス又以テ爾祖先ノ遺風ヲ顯彰スルニ足ラン

斯ノ道ハ實ニ我カ皇祖皇宗ノ遺訓ニシテ子孫臣民ノ俱ニ遵守スヘキ所之ヲ古今ニ通シテ謬ラス之ヲ中外ニ施シテ悖ラス朕爾臣民ト俱ニ拳々服膺シテ咸其德ヲ一ニセンコトヲ庶幾フ

明治二十三年十月三十日

御名御璽

■師範学校令（抄）

第一条　師範学校ハ教員トナルヘキモノヲ養成スル所トス

但生徒ヲシテ順良信愛威重ノ気質ヲ備ヘシムルコトニ注目スヘキモノトス

第二条　師範学校ヲ分チテ高等尋常ノ二等トス高等師範学校ハ文部大臣ノ管理ニ属ス

第三条　高等師範学校ハ吏京ニ一箇所尋常師範学校ハ府県ニ各一箇所ヲ設置スヘシ

第四条　高等師範学校ノ経費ハ国庫ヨリ尋常師範学校ノ経費ハ地方税ヨリ支弁スヘシ

第五条　尋常師範学校ノ経費ニ要スル地方税ノ額ハ府知事県令其予算ヲ調整シ文部大臣ノ認可ヲ受クヘシ

第六条　師範学校長及教員ノ任期ハ五箇年トス満期ノ後猶ホ継続スルコトアルヘシ

第七条　尋常師範学校長ハ其府県ノ学務課長ヲ兼ヌルコトヲ得

第八条　師範学校生徒ノ募集及卒業後ノ服務ニ関スル規則ハ文部大臣ノ定ムル所ニ依ル

第九条　師範学校生徒ノ学資ハ其学校ヨリ之ヲ支給スヘシ

第十条　高等師範学校ノ卒業生ハ尋常師範学校長及教員ニ任スヘキモノトス但時宜ニ依リ各種ノ学校長及教員ニ任スルコトヲ得

第十一条　尋常師範学校ノ卒業生ハ公立小学校長及教員ニ任スヘキモノトス但時宜ニ依リ各種ノ学校長及教員ニ任スルコトヲ得

第十二条　師範学校ノ学科及其程度並教科書ハ文部大臣ノ定ムル所ニ依ル

■旧教育基本法（抄）

前　文　われらは，さきに，日本国憲法を確定し，民主的で文化的な国家を建設して，世界の平和と人類の福祉に貢献しようとする決意を示した。この理想の実現は，根本において教育の力にまつべきものである。

われらは，個人の尊厳を重んじ，真理と平和を希求する人間の育成を期するとともに，普遍的にしてしかも個性ゆたかな文化の創造をめざす教育を普及徹底しなければならない。

ここに，日本国憲法の精神に則り，教育の目的を明示して，新しい日本の教育の基本を確立するため，この法律を制定する。

第一条（教育の目的）　教育は，人格の完成をめざし，平和的な国家及び社会の形成者として，真理と正義を愛し，個人の価値をたつとび，勤労と責任を重んじ，自主的精神に充ちた心身ともに健康な国民の育成を期して行われなければならない。

第二条（教育の方針）　教育の目的は，あらゆる機会に，あらゆる場所において実現されなければならない。この目的を達成するためには，学問の自由を尊重し，実際生活に即し，自発的精神を養い，自他の敬愛と協力によつて，文化の創造と発展に貢献するように努めなければならない。

第十条（教育行政）　教育は，不当な支配に服することなく，国民全体に対し直接に責任を負つて行われるべきものである。

2　教育行政は，この自覚のもとに，教育の目的を遂行するに必要な諸条件の整備確立を目標として行われなければならない。

■旧教育委員会法（抄）

教育委員会法（昭和二十三年七月十五日法律
第百七十号）

第一章　総則

（この法律の目的）

第一条　この法律は，教育が不当な支配に服す
ることなく，国民全体に対し直接に責任を負っ
て行われるべきであるという自覚のもとに，公
正な民意により，地方の実情に即した教育行政
を行うために，教育委員会を設け，教育本来の
目的を達成することを目的とする。

（権限）

第四条　教育委員会は，従来都道府県若しくは
都道府県知事又は市町村若しくは市町村長（特
別区の区長を含む。以下同じ。）の権限に属す
る教育，学術及び文化（教育という。以下同
じ。）に関する事務，並びに将来法律又は政令
により当該地方公共団体及び教育委員会の権限
に属すべき教育事務を管理し，及び執行する。

　2　大学及び私立学校は，法律に別段の定が
ある場合を除いては，教育委員会の所管に属し
ない

第一節　教育委員会の委員

（委員）

第七条　都道府県委員会は七人の委員で，地方
委員会は五人の委員で，これを組織する。

　2　第三項に規定する委員を除く委員は，日
本国民たる都道府県又は市町村の住民が，これ
を選挙する。

　3　委員のうち一人は，当該地方公共団体の
議会の議員のうちから，議会において，これを
選挙する。

（任期）

第八条　選挙による委員の任期は四年とし，二
年ごとにその半数を改選する。但し，補欠委員
は，前任者の残任期間在任する。

　2　前項の任期は，通常選挙の日から，これ
を起算する。

　3　議会において選挙する委員の任期は，職
員の任期中とする。

（選挙）

第九条　都道府県又は市町村の議会の議員の選
挙権又は被選挙権を有する者は，都道府県委員
会又は地方委員会の委員の選挙権又は被選挙権
を有する。

■教師の倫理綱領（日教組，1961年）（抄）

まえがき

これまでの日本の教師は，半封建的な超国家主
義体制のもとで，屈従の倫理を強いられてき
た。

日本の社会体制が，まったく違った観点から再
建されなければならぬ今日，われわれはこれら
の因習をたちきり，新たな倫理をもたねばなら
ぬ。

倫理はたんに普遍的な永遠なものではなく，具
体的な，特定な時代と民族にあたえられた歴史
的課題をかちとるためのたたかいをを通してつ
かみとらなければならぬ。しかるにこんにち，
われわれの社会は，ますます貧乏と失業を一般
化させ，民族の独立さえも危険におとしいれて
いる。

破壊的な近代戦争の脅威が，内からも外から
も，この歴史的課題についての認識と，その課
題解決への石をゆがめてきている。このような
状態のなかで，人権を尊重し，生産を高め，人
間による人間の搾取を断った平和な社会をもと
めようとするわれわれ人民の念願は，労働者階
級の高い自主的な成長なしには達成されない。
教師はいうまでもなく労働者である。日本の教
師は全労働者とともに，事態が困難を加えれば
加えるほど，ますますその団結を固めて，青少
年をまもり，勇気と知性をもって，この歴史的
課題の前に立たねばならぬ。右の認識にもとづ
いて，われわれは次の倫理綱領をきめる。

一　教師は日本社会にこたえて青少年とともに
　　生きる
二　教師は教育の機会均等のためにたたかう
三　教師は平和をまもる
四　教師は科学的真理に立って行動する
五　教師は教育の自由の侵害をゆるさない
六　教師は正しい政治をもとめる
七　教師は親たちとともに社会の頽廃とたたか
　　い，新しい文化をつくる
八　教師は労働者である
九　教師は生活権をまもる
十　教師は団結する

■ ILO／ユネスコ「教員の地位に関する勧告」
（抄）（1966年 9 月21日～10月 5 日　ユネスコ
特別政府間会議採択）

8　教員の権利と責任

職業上の自由

61　教育職は専門職としての職務の遂行にあたって学問上の自由を享受すべきである。教員は生徒に最も適した教材および方法を判断するための格別の資格を認められたものであるから、承認された計画の枠内で、教育当局の援助を受けて教材の選択と採用、教科書の選択、教育方法の採用などについて不可欠な役割を与えられるべきである。

62　教員と教員団体は、新しい課程、新しい教科書、新しい教具の開発に参加しなければならない。

63　一切の視学、あるいは監督制度は、教員がその専門職としての任務を果たすのを励まし、援助するように計画されるものでなければならず、教員の自由、創造性、責任感をそこなうようなものであってはならない。

64　(1)　教員の仕事を直接評価することが必要な場合には、その評価は客観的でなければならず、また、その評価は当該教員に知らされなければならない。

(2)　教員は、不当と思われる評価がなされた場合に、それに対して不服を申し立てる権利をもたなければならない。

65　教員は、生徒の進歩を評価するのに役立つと思われる評価技術を自由に利用できなければならない。しかし、その場合、個々の生徒に対していかなる不公平も起こらないことが確保されなければならない。

66　当局は、各種の課程および多様な継続教育への個々の生徒の適合性に関する教員の勧告を、正当に重視しなければならない。

67　生徒の利益となるような、教員と父母の密接な協力を促進するために、あらゆる可能な努力が払われなければならないが、しかし、教員は、本来教員の専門職上の責任である問題について、父母による不公正または不当な干渉から保護されなければならない。

68　(1)　学校または教員に対して苦情のある父母は、まず第一に学校長および関係教員と話し合う機会が与えられなければならない。さらに苦情を上級機関に訴える場合はすべて文書で行なわれるべきであり、その文書の写しは当該教員に与えられなければならない。

(2)　苦情調査は、教員が自らを弁護する公正な機会が与えられ、かつ、調査過程は公開されてはならない。

69　教員は、生徒を事故から守るため最大の注意を払わねばならないが、教員の使用者は、校内ないし校外における学校活動の中で生じた生徒の傷害のさいに教員に損害賠償が課せられる危険から教員を守らねばならない。

8　教員の権利と責任

委員の責任

70　すべての教員は、専門職としての地位が教員自身に大きくかかっていることを認識し、そのすべての専門職活動の中で最高の水準を達成するよう努力しなければならない。

71　教員の職務遂行に関する専門職の基準は、教員団体の参加のもとで定められ維持されなければならない。

72　教員と教員団体は、生徒、教育事業および社会全般の利益のために当局と十分協力するよう努力しなければならない。

73　倫理綱領または行動綱領は教員団体によって確立されなければならない。なぜなら、この種の綱領はこの専門職の威信を確保し、また合意された原則に従った職責の遂行を確保するうえで大きく貢献するからである。

74　教員は、生徒および成人の利益のために課外活動に参加する用意がなければならない。

あ と が き

　本書は，既刊『持続可能な未来のための教職論』（学文社）に始まり，「ESD
でひらく未来」シリーズの『持続可能な地域と学校のための学習社会文化論』
『教育の課程と方法—持続可能で包容的な未来のために』『持続可能な未来のた
めの教育制度論』の改訂議論に端を発する。編者やこれまでのシリーズ本の執
筆者が学文社の会議室に集まり，シリーズ本の成果と課題について話し合いの
場をもった。その結果，ESD の重要性について共有したものの，近年 ESD が
SDGs の文脈で積極的に議論されはじめたことへの対応をどうするかが話題と
なった。そこで，既刊シリーズはひとまず完結とし，新シリーズ「SDGs と学
校教育」を立ち上げることとなった。

　SDGs は，「我々の世界を変革する：持続可能な開発のための2030アジェン
ダ」であることから，達成年度の2030年という未来をどのように描くか，とい
うことが求められる。いっぽうで，現在の私たちは，どのような課題に直面し
ているのか，足元を見つめ直すプロセスも重要である。それは，SDGs におい
て17の目標に共通するテーマ「誰一人取り残さない」を教育の文脈で深く掘り
下げる，ということに他ならない。いいかえれば，教育が「誰のため」「何の
ため」に必要なのか，ということである。これからの持続可能な社会づくりに
向けて，ESD が引き続き重要であることは変わらないため，既刊「ESD でひ
らく未来」シリーズもぜひ入手していただきたい。

　ところで本書は，学校教育における教職の意義を問うことを目的としてい
る。他方で，こうした問いを深く掘り下げると，そもそも教育は学校という専
門機関だけで実践されればよいのだろうか，という本質的な課題に直面する。
これらの課題は，教員の専門性とはどうあるべきかという議論にも通じる。近
年の学校教育は，社会との結びつきや外部人材の活用を重視する傾向にある。
本書は，大学の「教職課程コアカリキュラム」に準拠し，主たる読者を教職履

修学生やすでに教職についている人をターゲットにしている。しかしながら，社会的動向もふまえて，教育やSDGsの教育になんらかのかたちでかかわっている多くの人にも読んでもらえることを期待している。

　教職は，子どもたちの個人の能力を育むだけでなく，持続可能な社会への変革に向けて，潜在的な力を有する。つまり，SDGsという国連で共有された国際的な課題解決に資するための役割について，教育内容や方法を確認したり議論するきっかけになったりすることが期待されている。いっぽうで，学校教員に求められる資質や能力も変容している。いわゆる「働き方改革」の文脈で，従来の業務内容について見直しの議論が始まっている。さらに近年の学校教育は，経済界からの影響を受け，経済活動に有益な「人材育成」を過度に求める動きがみられる。こうした動向に対して，これからの教職は「何のため」「誰のため」にどんな教育実践をするのか，説明責任が求められている。くしくも，産業界においては，コンプライアンス（法令遵守）違反の事案が続発している。こうした事案を発生させないためには，高い倫理観が必要となる。倫理観には，知識の量やスキルだけでなく，人間性が問われる。本質的な問題解決に向けてこうした批判的思考は，これからの教職のあり様を考える際のきっかけになる。

　SDGsの「誰一人取り残さない」というビジョンには，現実として社会的に取り残されている人が増加していることの裏返しでもある。また，社会が急激に変化するなかで，教科書の知識を獲得するだけでは対応できない状況にあることを再確認する必要がある。これらは，「主体的・対話的で深い学び」が求める「学びに向かう力・人間性」の涵養を考えるきっかけにもなる。SDGs，とりわけ目標4とターゲット4.7は，基本的な考え方の方向性を示している。

　本書の刊行に向けて，各執筆者には本書の理念を確認・共有する過程で，修正を重ねた。また刊行に際して，学文社の二村和樹さんには，繰り返し貴重な助言や指摘をいただいた。この場を借りて，厚くお礼を申し上げたい。

編者代表　岩本　泰

索 引

［編　著］

岩本　　泰（いわもと　ゆたか）
東海大学教養学部准教授

小玉　敏也（こだま　としや）
麻布大学生命・環境科学部教授

降旗　信一（ふりはた　しんいち）
東京農工大学大学院農学研究院教授

SDGsと学校教育シリーズ

教職概論
　　―「包容的で質の高い教育」のために―

2019年9月30日　　第1版第1刷発行
2022年1月30日　　第1版第2刷発行

編著　岩本　　泰

小玉敏也

降旗信一

発行者　田中千津子　　　　　　〒153-0064　東京都目黒区下目黒3-6-1
　　　　　　　　　　　　　　　　　電話　03（3715）1501 ㈹
発行所　株式会社 学　文　社　　FAX　03（3715）2012
　　　　　　　　　　　　　　　　　https://www.gakubunsha.com

印刷　亜細亜印刷

ISBN 978-4-7620-2915-8